20世纪中国图书馆学文库·11

新中华图书管理学

杜定友 编

国家圖書館出版社

本书据新国民图书社 1932 年 8 月初版排印

（原书后附索引未排印）

目　　录

圕经费的标准

导　　言

我们为什么要学图书管理学呢？学了这门功课有什么效果呢？这是我们首先要认识清楚的。现在把学圕学的需要,略述如下:

一、近代的教育学说,都趋向于自动化。什么设计教学法,道尔顿制,中心制,单元历等等,都要学生在学习的时候,不要死守着一本教科书,还要在教科书以外去找材料。找材料的地方,虽是很多,但是圕是最便利最丰富的地方。所以现在无论哪一所学校,总要附设着一个圕。我们可以说:圕与学校是相辅而行的。现在我们既然在推行新教育方法的学校里念书,怎可以不知道圕是什么东西呢?

二、圕学已成为一种专门学问。圕内的一切设备,和编制的方法,譬如分类,编目等等,都有一定的科学的方法。我们虽然不要做什么圕学专家,但是对于圕内的大概情形,如图书怎样分类,目录怎样检查,也该稍知一二,然后可以利用圕的材料,去预备功课,或是自己研究学问。就是以阅书作为消遣的,也该知道怎样去找相当的书籍呀。

三、现在在师范科的学生,将来毕业之后,就要在教育界上服务的。将来教授学生的时候,就要知道怎样指导他们去利用圕,找寻参考材料。若是自己不懂得圕的书籍怎样编列,目录怎样检寻,如何可以去指导学生呢?

四、担任教育事业的人,总不能脱离书籍的关系。我们尽天的看书,读书,著书,教书——差不多天天与书为伍。那末,我们总该知道书的结构和种类,选择和读法等等。但是学校里的课程,什么天文,地理,科学,国文等等,无美不备;独对于图书的科学,却付阙如。真可谓读了几十年书,还不知书为何物了。现在这图书管理学,就是为补救这个缺憾而研究图书的一门功课,非但于我们研究学问上,有许多帮助,而且是一门很需要的普通常识。

五、现在圕事业,日渐发达了,大学里有大学圕,地方上有公共圕,各种学会有各种专科圕。所以学生毕业之后,无论升学,或在社会上服务,到处都与圕发生关系。若是现在不懂得怎样去使用圕,将来必定要费许多手续和时间,去重新学习。这是不能避免的事。

六、现在的出版物,可谓汗牛充栋。做教员的哪能逐一看过?但是指导学生读书是当教员的一种很重要的责任,这就不得不先知道图书选择的方法,和参考书的用法。现任的教员,往往专靠了一本教科书,和教科书上指定的几本参考书,此外对于学生的自由阅览课外读物,参考补充材料等等,概不过问,这种缺点,是我们应该补救改良的。

七、圕学已成为了一种专门学问,所以圕的一切管理方法,都有一定的专门手续,不是贸然可以从事的。不过现在国内的圕专门人才,非常缺乏。而每一所小学,都有圕的设立。但是我们向哪里去找这许多圕专家呢?所以一般小学,不得不仗着师范学生,将来毕业后,去兼任或专任圕事务。因此,现在师范科的学生,实有学习圕管理法之必要。

八、圕是我们研究学问的工具,这是各国学者所承认的。所以外国学校,自小学起,到大学,都有圕学这一门功课。有些是每学期数小时的演讲和实习,有些是只限于新生进校时,先要上一点钟圕学的功课。所以这个科目,实系各科的基础。因为无论哪一门功课,都脱不了圕的。况且做教员的人,一方面教育他人,一方面要教育自己。除了尽了自己职务之外,还要不断地到圕去继续研究,吸收新知。所以这圕管理法,于学问上,将来职务上,都有密切的关系,是我们不可不学的。

九、最后,我们要养成学生的读书习惯,第一就要常常和书籍接触。所以本书内,每一课总提及几本书,或作为参考,或作为举例。对于这种书籍,不论目前是否需用,但是学圕学的人,也得要常常去翻阅,使心目中时时有各种书籍的印象,久之,便自然地养成读书的习惯了。若是不多看书,而可以谈如何如何养成读书习惯的,这都是空话罢了。

以上把学习这科的需要,已经略说过了。总结起来,本书的目的,和本书所希望的效果,是:

一　使学生能运用图书,和圕的工具,如目录,索引等,以研究学问,解决疑难;

二　使学生毕业后,担任教务时,能指导学生读书和使用圕;

三　使学生毕业后,能担任或兼任圕事务;

四　使学生毕业后,能利用圕,以继续他们的教学。

我们能否达到这几个目的,全靠读者能够对于圕学的需要,认识清楚,并能努力研究,切实做去。圕学本来是很高深的学问,断不能在这很短少的时间,有限的篇幅,所能讲述完毕的。而且圕的管理方法,尤重实际,不尚空谈。所以本书的编制,全用自习方法。各课都用很浅显的文字说明,不必费什么时间去解释。只要在每次上课之前,费一二小时,把该课的内容看明白了,然后按该课所附的问题,逐一来解答,并将实习事项,照说明做去,自然明白。上课的时候,应注重各问题之解答与讨论,不应该把宝贵的时间,费在解释课文上去。每课自修的时间,至少费一小时。要先预备好,切勿临上课前的时候,方才预备。因为那时候也许为旁的事所阻,以致不及预备。而且到了那时,往往因参考书不敷应用,被人借去，那更无从预备了。所以时间上，自己要支配妥当，预备得愈早愈好，而以多余的时间，去温习旧课。

预备的时候，先将全课阅读一遍。若是有生字或名词不甚认识的，便去检查字典或辞书，或同学间互相讨论，然后把全课的大意，回忆一回。回忆时务将每段的意思完全明白了解，不必咬文嚼字去解释课文，只要将全课的目的，和每段所讲的事物，一一认识清楚便好。每课内所提及的参考书或书籍举例，务必要到圕里去逐一翻阅。因为圕学科所举的书，像化学科所举的化学物品，也好像医药学上所举的药名，在念这一课书的时候，你们当然不需要用这种化学品，或吃这种药，但是你对于该药物的形式性质，也该知道呀。所以在这科里，凡课本内所提及一切的书籍，都要过一过目。不然，将来办理圕的时候，这本又没有看过，那本又没有见过，怎样从事分类编目呢？

文字意思认识清楚之后，便须按着每课所列的问题，逐一解答。如自觉有不甚了的地方，再翻前去看，务至完全了解为度。至上课的时候，教员所提出的问题，也许和本书所列的大同小异，但是总不出课本范围以外的，所以预备务必纯熟。要知这门功课，重在问题的解答，而不在文字的解释。每次上课的时间，应完全用在问题讨论上。上课的时候，也许不用口问而用笔答，所以对于平时成绩，尤其要注重。

每课所列的实习事项，必须逐一照做。因为圕管理法，最重实际工作，纸上谈兵，是完全没用的。各种实习的手续，也不免麻烦。但不经过这种手续上的训练，将来办理圕的时候，就要感觉困难了。所以本书的编制，与其他各科不同，一课有一课的特殊目的和实习的对象。譬如有一课是讲人名目录的，那末读完这一课之后，就该知道怎样编制人名目录，而且能够实际工作，不能只图明白了解而已。

总之，所有问题和实习，都要用心诚实地做去。因为这门功课,与学生有切身关系,将来对于学问上,自修上,和办事上,都有莫大的辅助,不可不努力做去。况且师范学生将来是为人师表的,对于学问上,自然要加倍努力;对于一切问题和实习,尤应忠实从事。时间上,也许比别种功课,多费一点,但是兴味也许浓厚一点呢!

参　考

一　关于道尔顿制等,如尚未充分明了,可参考舒新城《道尔顿制概观》等书。

二　关于圕与教育之关系等,可参考杜定友《学校圕学》1—7 页。又《圕通论》第二章。

第一课　书籍的结构

一本书本来是一件很平常的东西。我们读书,也有十多年了。但是,到底怎样才叫做书呢?一本书有多少部份结构成功的呢?我想没有几个人会过问到这些问题。所以读了许多书,还不知道书是什么,这真是笑话了。现在我们将书籍的各部分,略说如下:

一、封面　整本的书,必有一个封面。封面就是一本书最上面的一页。封面有纸制的,布制的,皮制的。也有印有书名和著者的,也有在封面上另加签条的。封面上的书名,往往和书名页(详后)上的书名不同。这是我们读书时第一件应注意的事。

二、书脊　洋装的书,书脊上也往往印有该书书名和著者。但是也因为地位上和印刷上的关系,与原书书名也略有出入。

三、书根　线装书在架上平放的时候,书根上也往往写有书名,用意正和洋装书的书脊一样。

四、书名页　书名页亦称里封面,就是封面后,目次前的一页。这一页上,应有该书的真正名称,著者,出版年月,出版地等等,现在分述如下:

甲、书名　完全的书名,当印在书名页上。除了书名之外,还有简单的字句,述明该书的内容和适用程度等等。例如钱亚新的《索引和索引法》一书,书名页上的书名下,有"书籍杂志和报纸"一行,就是说明该书内容的。又如张九如等著的《可爱的小圃》书名上,有"儿童课余服务丛书"一行,这就是说明该书的适用程度,并表明该书是哪一部<u>丛书</u>之一。所以一个完全的书名,包括种种方面,于选择图书上,颇有关系。

乙、著者　著者编者的姓名,也印在书名页上。有许多书的著者姓名之前,冠以地方名称的,如《新师范心理学教科书》的封面,有"编者南海杜定友,无锡王引民,校者桐乡朱文叔",这是遇着著作人同姓名的时候,拿来分别的。也有著者姓名之后,附有学位或职任的。如杜定友的《学校教育指导法》书名页上著者项下,有(B.S.E.B.L.S.)等,于选择书的时候,也可以辨别著者的能力。

丙、版次　该书印至第几版,应将版次印在书名页上面,使阅者一望而知。但是中国新书多印在版权页上。

丁、版期　说明该书在某一年印的。新书多在封面上或版权页上,古书多在书名页上或该页的背面。

戊、出版人　说明该书由何处何店或何人印行的,与上列版期一样的用意。印刷的地位,新书在封面或书名页的下部或版权页上。古书多在书名页背面。可见书名页是书籍上很重要的一部分,对于选择上,也有很大的帮助。我们平时到圕阅书,自应留意各项;那末这本书的内容如何,是否适合我们的需要;所定程度,是否与我们相等;这些问题,可以思过半矣。按书名页有三种用处,第一、是因为外封面,很容易损污或脱落,所以有一个里封面,以备万一;第二、是外封面往往因印刷上的困难,印刊不能详尽;第三、是里封面是全书真正开始的第一页。

五、序跋　一本书在正文未开始之前,往往有几篇序跋,大约可分为四种:

甲、序　是别人替著者作的。文字大都是称颂著者著作成功的意思,但是也有附述下列三种的意思的。

乙、跋　是该书的读后感,或对于该书有所批评,校正,或补充之说。但是也有许多只是道称颂的意思。

丙、自序　或称弁言,是作者自己序述他作书的动机和目的,作书的经过,和该书适合于哪种用处,以及称谢帮助他编书的人等等。这篇序文,读书人往往忽略,其实于选择用书的时候,是很重要的。

丁、导言　或称绪论,绪言,大约是论读者对于该书,应有的认识和准备。例如《新师范心理学教科书》的绪论,和本书的导言,选书时也应一读。

六、目次　是该书正文的章节总目,依着正文的先后,逐章或逐节,排列成表;并注明某一章从某一页开始,以便检查。有些只列章目,有些并列细目,有些全付阙如。这目次于选择图书,或搜集参考材料时,也很重要的。因为看了目次,可以大略知道该书的内容,包括哪些事项?

七、表目　书中有附图或附表的,往往也另在目次之前后,别成一表,以便检查。比如我们要找《中国人口密度图》,在张其昀的《新学制本国地理教科书》内,有附图目录,下注页数,一望可知该图在书内第五十三页上。

八、正文　这是一本书的本身,故曰正文,也有称为“本文”的。每书的页数,也是由正文第一页开始的。正文之内,有文字,有图表,有眉标,有脚注;也有每章之后,附有参考书目,和提问要点,实习题案等,随各书而异。

九、附录　正文之后,往往有各种附录,也有附录参考书目的,也有附图表的,也有附参考材料的,也有附案卷杂稿的,各书各有不同。书籍后附有参考书目,也是很重要的条件。因为无论什么书,总不能对于某种学问叙述详尽,故必需有其他参考书,以供读者的研究。

一〇、索引　是把书内提及的人名,地名,事项名称等等,列成一表,依排字或分类次序,一一注明出处,以便检查。也是参考上很重要的东西(索引用法详第十三课)。

一一、版权页　这是中文新书最重要的一页了。因为有了这一页,所以把西文书中认为最重要的书名页省掉,而把各项记载,统印在版权页上。这一页大都是印在全书最后的一页。上面印有"有著作权不准翻印"等字样,以及发行日期,出版日期,"如系再版或三版者同时注明"全书名,册数,定价,编者,校者,发行者,印刷者,总发行所,分发行所,代售处等等。所以我们要找关于该书一切的正确的记载,应根据版权页上的事项。

以上所列各项,是书籍的大概部份。但是看书人印刷人,往往因便利上,时间上,或经费上的关系,不能每本书都照一律的分部。而有许多书,是不必如此的。比如小说书的分部,是很简单的。以上所论,不过就大概而论。可是这十一项的内容用意,却是有很多读书人还未能了了。但是到圕阅书的人,尤其是将来办理圕的人,却不可不逐一判明;否则就容易错误。至于选择图书的时候,尤应逐部分析,逐一比较,然后知道书籍的良窳,内容的优劣。

参　考

关于书籍之结构各部分之详细解释等等,参考杜定友《著书术》第七八章

问　题

一　我们为什么要知道书籍的结构?

二　封面与书名页有什么分别?

三　什么叫做完全的书名? 书名页有哪三种用处?

四　说明各种序跋的意义。

五　目次是以什么为次序的? 和索引有什么不同?

六　正文内附有什么? 并为什么要有参考书目附在正文之后?

七　版权页上记载些什么?

八　试述书籍的结构和选择图书的关系?

九　本书各部分的次序内容,与本课所述者有什么不同?

实　习

每人由教员指定或自由在圃内,选择书籍五本,照下表逐一填就,于上课时交卷。

	项目	1,…5.
1.	著者	
2.	书名	
3.	封面与书名页上有什么不同的记载	
4.	有哪几篇序言	
5.	著书的目的何在	
6.	什么程度的阅者适用	
7.	全书有几章	
8.	内容大概怎样	
9.	正文有几页	
10.	正文内有图表问题及其他附件否	
11.	正文后有什么附录	
12.	有索引否共有几页	
13.	版权页上有什么重要的记载	
14.	该书是何种装订	
15.	试举书内二个重要的题目	

第二课　图书的种类

圖内所藏的图书,内容极为繁多。但是一般人心目中,却只有书籍一种。其实"图书"二字,已经是有图有书了。而且图与书,性质各有不同,所以在圖内,一切分类编目,也就不同了。这是我们该分别清楚的。

图画的种类,据圖所藏所用的,有以下各种:

一、地图　有全张的挂图,有全张复折的大地图,有全套装入封袋内的小地图,有装订成册的地图,有附印在书本内的单张地图。例如《中华民国大地图》,《袖珍最新上海地图》,《最新本国地图》等。

二、画图　有大小画片,有全幅的挂图,有全套的挂图,有全部的画册,有明信片,有风景片,有时事画片。例如《圆明园全图》,《西湖风景画片》,《中华古今画范》,《普吕动画集》,《动物挂图》等。

三、照片　有大小各种照片,例如学校圖,应保存全校各种公共照片,学校建筑物摄影,各种重要典礼摄影,学生生活摄影等。有专集的照片,如舒新城的《习作集》。

四、影片幻灯片　也是圖应搜罗的,因为这种东西与教授上很有关系。可惜市上还很少发售。

五、碑帖楹联　有装钉成册的,有折叠成幅的,有原条原幅的。例如《原石拓醉翁亭记》,钱叔美"庭馆多春气图书生古香"联,王梦楼"左壁观图右壁观史西涧种柳东涧种松"联。

书籍的种类，更是多了。办理圕的人，自当一一分辨清楚。就是一般的读书人，也该知道的：

一、以编制而论，有：

甲、单行本　是单本的书，也有一册的，也有二册以上的。这里有几个名词，我们要认识清楚：

（一）卷篇章节　这些是一本书的内容上分段的名词。有一本书分为几卷，每卷分为几篇，每篇分为几章，每章分为几节的，例如张九如的《可爱的小圕》。也有不分卷，而分章的，例如杜定友的《学校教育指导法》。也有不分章节的，例如罗西的《桃君的情人》。

（二）册函部套　这些都是书籍装订上分段的名词。页数多的书，因为用的时候不便，所以分为数册，或称数本，合数册为一函。例如杜定友的《校雠新义》有二册，一函。函亦名书套，凡二册以上的书，统称一部或一套。例如《古文辞类纂评注》共十六册，分两函，合称一部。在圕编目上，称册而不称本，称部而不称套。

（三）页面叶张　拿一张长方形的纸，对折一道，裁开来便成了二张。每张可以两面印字，共成四面。这一面，就是一页。一张有二页。叶是张的别名。所以每叶也有二页。古书的叶数，每叶有二页。新书的页数，每页只有一页。试看《校雠新义》上册，最后一张，刻有"六十"二字，是该书共有一百二十页。《新师范心理学》共六十七张，实有一百三十四页。在圕编目上，只用页数不用叶数。

（四）版　每页上所印的文字，叫做一版。每版在钉书的地方，叫做书脑。上下空白的地方，叫做天地头。外边空白的地方，叫做版口。

12

（五）凡丛书内的书本，单独印行分售的，叫做某某丛书中的单行本。

（六）凡论文或其他文字，先由杂志日报刊登，后来汇为一集，再行出版的，也叫做单行本。

乙、丛书　是一大套书籍，它的性质或印刷，是有连带关系的。可分为以下各种：

（一）以版本分　集各种内容不同的图书，用同一印刷装钉方法，凡版式，装钉，都是一样的，例如《知不足斋丛书》。

（二）以内容分　凡装钉印刷内容都是一样，成为一套的，例如《党义小丛书》，《史地丛书》等。

（三）以团体分　凡各种书籍，由一个学会的撰述，用该会的名义出版的，也可以成为一种丛书，例如《少年中国学会丛书》等。

（四）以程度分　凡各种书籍，适合于某一种程度，因而汇集成一丛书的，如《学生丛书》，《青年丛书》等。

（五）以馆阁分　凡个人团体或机关，所搜罗撰述或翻刻，而冠以该馆、阁、院、校、会、部、厅、局，等等名称的，都可以称为丛书，例如浙江省《建设厅丛书》。

（六）以时地分　凡关于一个时代，或一个地方，或一件事实，或一个人的出版品，也可以汇为丛书，例如《新时代丛书》。

（七）以作者分　以个人所著各种书籍，汇为一编的，也可以称为丛书，例如《船山全书》。

二、以内容篇幅而论，有：

甲、古书　大概是指清朝以前人所著的书。有

（一）经书　是《易经》，《诗经》，《书经》等书。

（二）史书　是关于历史的书，如《二十四史》。

（三）子书　是诸子百家的书，如《老子》，《庄子》，《荀子》，《管子》，《墨子》，《韩非子》，《吕氏春秋》，《扬子法言》等。

（四）集书　是个人或合刊的诗文集,如《文选》,《杜诗》,《苏集》等。

以上统称为"四部书"。

乙、新书　就是现在出版的各科图书。

丙、杂志　是内容较为复杂,或诗或文,或论或评,或专一类,或兼及数类,或定期刊或不定期刊。

（一）定期刊　有年刊,半年刊,季刊,二月刊,月刊,半月刊,旬刊,周刊,三日刊,日刊等等。

（二）不定期刊　凡有继续性的出版物,但是出版期没有一定的。

丁、小册子　内容较单纯,装钉较简单,有临时性质,而篇幅不过二十页的。例如各机关分送的宣传小本书册等。

戊、单片　凡论文页数不过四页或八页,而不装钉成册的,统称单片。

三、以用法而论,有:

甲、教科书　是以科目和程度而分的。

乙、教授书　是专供教员教授上用的,以高初级小学为多。

丙、参考书　在圕学上所谓参考书,是指字典,辞典,百科全书等,只供检查,不是从头至尾阅读的。

丁、补充读物　是拿来补充教科上之不足的,例如《分年儿童文学》,便是小学初年级国语科的补充读物。

戊、浏览书　是指课外的读物;一部份俗称闲书。因这类书是与功课无关的,供人随意浏览,以增加知识,或藉图消遣。例如各种故事小说画刊等。

己、报告　是一件事或一个机关的工作,或一种学术的研究报告,例如廖世承《施行新学制后之东大附中》。

庚、指导书　一部份亦称指南,是引导人做一件事,举行一种试验,或进行一处地方的,例如《商业指南》,蔡松筠《自学辅导化学实验法》,《全国旅行指南》等。

四、以版本而论,有:

甲、木版　古书多是用木版印的,因刊印的年代不同,有宋版,元版,明版,或宋监本,明监本;因字的大小,有大字本,小字本;因刻的地方不同,有浙本,蜀本,粤本,闽本;因校勘的人不同,有某氏本,某刊本;因刊的次数不同,有原刻本,翻刻本;此外又有原刊,影印之别。名目繁多,这是属于另外一种专门学问,名曰版本学,这里不能详叙了。

乙、铅印本　这是现在流行的铅字活字版。我们现在所用的书,多半是铅版的。

丙、石印本　这是印图画字书的,例如《庄子集注稿本》,是用石印印成的。

丁、精印本　精印是印刷业上一个名词。包括精美的铜版,锌版,珂罗版,仿宋版等等。例如仿宋版精印《十三经古注》,精印监本《四书》,金属版印原石拓《醉翁亭记》,珂罗版印宋拓《九成宫醴泉铭》。

戊、手钞本,油印本　古代的钞本,也很有价值的。现在临时分发的文件,多用油印本。

五、以装钉而论,有:

甲、线装　是古书的装钉,例如《校雠新义》。

乙、洋装　是现在的新式装钉。

(一)平装　或称并装,是纸面的,如本书。

(二)精装　是硬壳布面,或布脊纸面,或皮面等等。

以上是图书的种类。书籍大凡五类,细目不下数十。此外尚有本版,外版,绝版,旋风叶,活叶,蝴蝶装等等,名目繁多。这里所列的,不过最普通的几种,是我们日常应用的。将来于图书选购和编目上,尤不可不辨别清楚。

参　考

一　关于图书种类和装钉,参考杜定友《著书术》第一章第八章。

二　关于版本,参考《中国版本略说》,《校雠新义》卷八,《中国文献学概要》第七章。

问　题

一　图有几类?

二　圕为什么要搜集照片,影片,幻灯片等?

三　单行本有哪三种用法?

四　解释一页书版的各项名称用法?

五　丛书有几种? 列举各种名称和内容。

六　定期刊物有几类?

七　什么叫做四部书?

八　小册子和其他书籍有何分别?

九　教科书教授书参考书浏览书四种如何分别?

一〇　什么叫做版本?

实　习

到圕里去找十种不同的书,分别注明著者,书名,出版处,册数页数,和属于哪一类的书。若是一书可以兼属两类的,一并注明。

第三课　图书的排列

我们走进圕的时候,只见无数的图书,排列在架上,次序是很整齐的,圕馆员取书的时候,一检即得。插回的时候,也能归入原位,丝毫不差。可知其间必定有一个有系统的方法。这种方法,有几种效用:

一、知道了这排列的方法,那末我们要书的时候,才知道向哪里去找;用完了之后,也可以归还原位,不至扰乱秩序。

二、有许多图书,在目录上,往往因为忘记了书名或著者,而找寻不获的,可以直接向书架上去找。

三、各圕的图书排列法,都是大同小异的,知道了一个圕的方法之后,同时可利用了向其他圕去找查材料。

四、因为阅书人不知道这图书排列的次序,使圕管理发生许多困难。我们学圕学的自应知道,以帮助圕的管理。若是同学有不知道的,我们还要负指导的责任。

圕图书的排列的关键,完全在书码上。什么叫做书码呢?就是每本书上,有几个号码,用标目纸贴在书脊上或书角上的(图一)。这号码,内容包含三种符号:

一、类码　是代表该书属于哪一类的。因为同类的书,不只一本,若是混在一起,检查就不便。

二、著者号码　是代表著作人的姓氏的。因此,同属一类的书,有了相同的类码,有各个的著者号码,然后彼此才有分别。

三、书号　是同类同著者的部数,或册数符号。

以上三种,合称为书码。这是代表某著者所著的某一类书。各书的次序,就由这个号码而定。但类码不同的,只用二种符号。

圕的书籍因为检查和便利起见,把书籍分为若干类,然后同类的书,都可以放在一起。要将书籍分类,就要先定一张分类表,把各种科目,分门别类的排列起来。这种分类表,各圕各有不同。但是最普通的,是十进法。所谓十进法,是把所有的图书门类,分为十大类,每类再分十部,每部再分十项。愈分愈细,以至无穷。

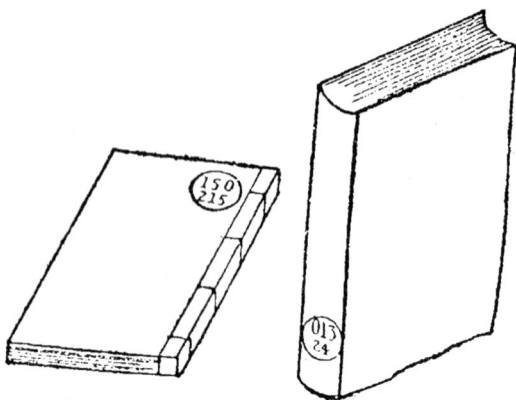

图一　书码

现在把分类的大纲,和图书排列的大概次序,列表如下:

图书分类简表

000	**普通总类**	100	**哲学科学**
001	党义图书	150	心理学
010	圕学	170	伦理学
030	百科全书	200	**教育科学**
050	杂志	240	教授法

300	**社会科学**	660	商业
320	政治学	700	**语言学**
330	经济学	720	中国文
340	法律	800	**文学**
390	社会学	820	中国文学
393	社会问题	821	别集
400	**艺术**	822	诗
500	**自然科学**	823	文
510	数学	824	戏曲
511	算术	827	小说
512	代数	828	儿童文学
520	天文学	828.1	故事
530	物理	.4	歌剧
540	化学	.6	科学工艺故事
570	生物学	.7	童画
580	植物学	.9	史地故事
590	动物学	830	英国文学
600	**应用科学**	900	**历史地理**
610	医学	910	世界史地
620	工程	920	中国史地
630	农业	930	英国史地
640	化学工业	940	法国史地
650	交通	960	日本史地

上表是照《世界图书分类法》摘录出来的。所列的各种门类，都是最普通，最适用的。我们要将它们的类码次序，和类目(即该类的名称)熟记，以便检寻书籍。

从上表看来，每一大类有三个号码。比如文学是 800 号，所以凡是属于文学的书都是 800 号。但是文学的书很多，于是再分为 810 820 830 840 等等。820 是中国文学，再可以分为十项就是 821

822 823 824 825 826 827 828 829。因此,凡是中国诗都是822,中国文都是823,中国戏曲都是824。这样中国诗文戏曲,都有一定的次序,排起来,照着数目大小排列。照样各类书籍,也有一定的次序了。

有时候一类之中的书太多了,再要详细分析一下,便用小数一位两位。所有的数目,都是照小数,以十推进。每一号,有一定的意义。我们找书的时候,就可从两方面去找。我们知道:——

(一)凡是828号的书,都是儿童文学的书。(二)凡是儿童文学的书,都是828号。但是同属一类的书,譬如828号是一般的儿童文学,圕也许有数十本之多。于是彼此的分别,就在著者号码。著者的号码是依照姓氏号码表来指定的(见附表二)。譬如吴氏是608号,陆氏213号。因此吴士农的《儿童创作集》是828 608,陆衣言的《儿童文艺园》是628 213。

至于同属一类的书,是同一个人著作的,或同一部书,有两本以上的,则另有书号。将来于图书编号法的时候,再行规定。这里,我们所要知道的,是:

一、书籍是依类码排列的。

二、同类码的书,是依著者号码排列的。

三、一个号码,代表一类的书籍。要找哪一类的书,就在哪一号里面去找。

四、各类的名称,是概括的,不能将世界各种科学,逐一列举。譬如王人路的《剪刀姐姐》在分类表内,并没有关于"剪刀"的一项。但是应该列入"儿童文学,工艺类",即828.6号。所以要找该书的,要在最近的类内去找。

五、各类的书,该在最接近的一类去找。譬如找"算学"的,该在510"数学类"去找,不该在500"科学类"去找。

六、我们所需要的材料,未必圕内有整本的书,所以也要在最近一类的书内去找。譬如现在要找关于"问答法"的材料,圕内当然没有一本书叫做"问答法"。圕分类表或目录上，也没有"问答法"的一门。所以我们要在接近的一类去找，例如240"教学法"的里面，也许能找到一本徐松石的《实用小学教学法》，那里面，就有一章是关于"问答法"的。

圕内每个书架上，列有书架号码，标明这一个架上，是从哪一号开始。排书的时候，先要看明哪一类书，大约在哪一个架上。还有一层，各架的书，都是从左而右，从上至下，各架独立的。以便书架或有移动，而全部书籍的次序，不致发生影响。

以上把图书排列的方法，和找书的手续，约略说一过。现在假定有十一本书，依次排列如下，以见一斑：

030　030　100　391　391　393.2　393.3　511　512　828　828
125　127　14　568　672　64　　11　　512　511　148　148
　　　　　　　　　　　　　　　　　　　　　　　　　　1　　2

参　考

关于分类学上的十进法，参考杜定友《图书分类法》第五章第53—56页。

问　题

一　我们为什么要知道图书的排列法？

二　什么叫做书码？

三　什么叫做十进法？

四　试将下列各号的类目列出，000　330　400　510　590　600　630　700　800　820　821　828

五　将下列各类目译成类码1. 杂志　2. 教育　3. 社会科学　4. 音乐　5. 物理　6. 工程

六　下列各书，应在哪一类内检找：（甲）黎锦晖《三蝴蝶》，（乙）谢彬《中国铁道史》，（丙）吴应图《燃料问题》

七　将下列各书码排正

131　312　032　828.5　828　820　532　625　828.1　900
012　012　123　131　　331　568　001　246　379　　900

八　找书时候,该注意哪几点?

实　习

一　由教员指定书码,每人五枚,分向书架取书。取得后,将书名著者填在小纸上,交回对核。

二　由教员给每人书籍五本,插回书架。插时将书根向外,以便核对。

三　由教员出五个题目,令学生向架上找出关于那题目的书籍。(其中应有两题,是仅载在书内一章或一节的,学生找得后,应将书名页数报告。)

第四课　检字法

在书架上找查图书的方法，我们上次已经实习过了。就我们经验看来，那种方法，并不十分便利。因为一本书归在哪一类，很难确定的，而且圈内究竟有没有这一本，也不能确定。若是每次要向书架上找，非但麻烦，而且很易令人失望。我们要补救这个弊病，所以圈必有一种目录。

现代圈的目录，是用卡片制成的。一本书用一张或数张卡片记载之。各种目录卡片是照字排列的，所以检查目录，要先明检字法。

我们进圈的时候，在借书处附近，最先看见的，就是卡片目录箱。这个箱子，是用许多小抽屉拼成的。抽屉之外，有一块铜片，镶着一张标纸，标明"氵""亻"等等。

这就是说：这个抽屉以内的卡片，它第一个字，是属于氵部的（图二）。原来圈内的卡片，是照《汉字形位排检法》排列的[一]，所以同部的字都排在一起，以便检查。

注　[一]《汉字形位排检法》详第三十三章，若是不用此法，应先由教员说明。

卡片抽屉内，还有一种卡片，上边有一部份比较其他卡片为高。那凸出的部份，也有字标明的。这种卡片，叫做指引卡。是指引我们去找目录的。譬如第一张指引卡上面，写着⊡。这就是说明从这一张起，至第二张⊡止，其间的字，部首是氵，部尾是由、起

23

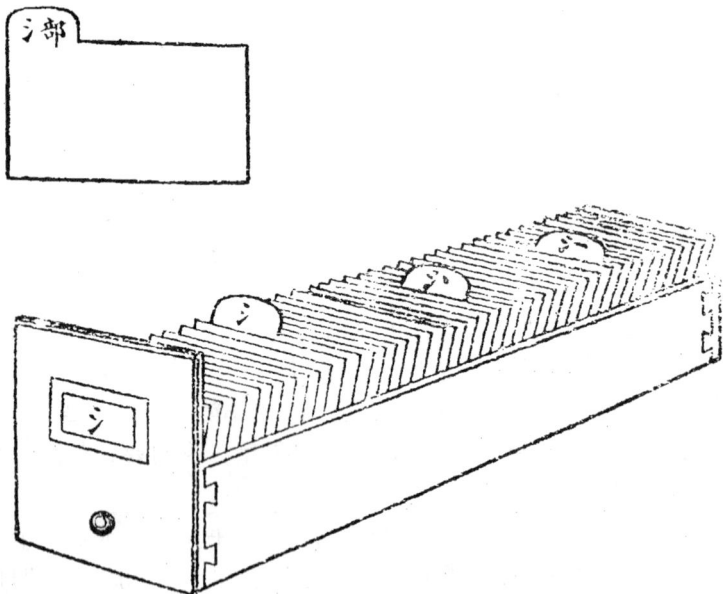

的。例如沈淳涪泳等字。所以我们若是要找"沈阳"二字的目录卡，就可以在这一叠卡片里面去找。不必把全个目录箱内的卡片，统统看过。

《汉字形位排检法》，是照各字的部首排列的。照中国字本来的排列，每个字属于一定的部首。比如"江"字属水部。"何"字属人部。"和"字属口部。但是何以知道氵就是水呢？亻就是人呢？更从何知道"和"字从口，而不从禾呢？这些非得深通文字学者，不能明白。所以以前的部首方法，是不便于客观的检查的。现在这个《汉字形位排检法》和以前的部首法大同小异。不过把部首的位置和笔画的形式固定了。大纲如下：

24

一、形　凡字可以分判为二组或数组者,分为纵,横,斜,载,覆,角,方,七形。不可以分判者为整字。合共八种形状。

二、位　部首以在左上者为原则,但整字无部首(图三)。

次第	名称	定　　　義	圖形(陰面為部首)	舉例
1	縱	凡字可以直判為數組者以左邊第一組為部首	▧	杜
2	橫	凡字可以橫判為數組者以上邊第一組為部首	▤	定
3	斜	凡字可以斜判為數組者以左上第一組為部首	◩	友
4	載	凡字可以斜判為數組而左下部有一長捺或長鈎承載上部者以左下部為部首	◺	述
5	覆	凡字可以橫斜為數組而第一組有一撇一捺覆蓋其他各組者以上部為部首	◤	公
6	角	凡字可以內外判為數而外部包蓋其他各組之一角或兩角不成正方形者以外部為部首	⌐	開
7	方	凡字成四方形者以方框為部首	▢	圖
8	整	凡字不可分判者依全字筆順排列	○	史

图三　汉字形位法

三、序　各字先以形为次。同形者,以部首依起笔以、一丨为次。同部首者,以其他部分(即部尾)之起笔为次。同第一笔者,比较第二笔。同第一字者,比较第二字。其余类推。例如:"江班明仁"同属纵形,故以部首起笔为次第。"泳沆沾洽"同属氵部,故以部尾起笔为次第。

附则:纵形字可判为二组,但右部如有刂阝页鸟欠文者,为例外,则以右边为部首。横形字以心皿灬土鸟为例外,则部首在下。但一字可以判为三组者无例外:"颁郑剖鹦"部首在右,"思孟焦鸢"部首在下。

譬如现在要检"图书管理学教本"七个字。我们先看第一个字,属于哪一种形状。那末一望而知是属于方形。那就在方形字里面去找。但是方形字很多,我们就要看部尾的起笔是什么。按图字部起笔从丨从ㄱ,那末在这一类中,一检即得。其他六个字的字形部首和首尾起笔,列表如下:

字形	書	管	理	學	教	本
字形	横	横	縱	横	縱	○ 整
部首	畫	竹	王	組	攵 例外字	
部首起筆	フ 一	ノ 一	一 一	ノ 丶	ノ 一	一 一
部尾起筆	丨 フ	丨 丶	丨 フ	了 一	一 一	一 一

问　　题

一　目录卡片是照什么方法排列的?
二　汉字分几种形状?
三　部首部尾以什么为次序?
四　纵形横形字有几个例外?
五　整字为什么没有部首?
六　检字的手续如何?
七　《汉字形位法》与部首旧法,有什么分别?
八　"昔,搴,相,秦,老"等字,以前入哪部? 现在入哪部?

实　　习

由教员举数十字,试分别其字形,及部首部尾的起笔。

第五课　目录检查法

圖的书籍,每一本书,有几张目录卡,记载着人名,书名,类名等等。譬如我们要知道圖内有没有杜定友著的《学校教育指导法》一书,我们不必问这一部书,是属于哪一类,我们可直接在目录箱内,去找"木"字部里的"杜"字,就可以找到下列的一张卡片(图四)。这种卡片叫做人名目录卡,省称人名卡。卡上登录下列各项:

210	杜	定友
127		学校教育指导法.
		14 年,中华.311 页
		◯

图四　人名目录卡

一、第一项写着"杜定友"三字,即该书著者。

二、第二项是"学校教育指导法"就是书名。

三、第三项是出版年份,出版的店号。

四、第四项 311 这个号码,是表示该书共有三百十一页,可以

28

藉此知道该书内容的多少。

　　五、在左角上的是一个书码,可以知道这本书在哪里,以便去取。

　　这种人名卡,是以第一项标题为排列标准的,所以这一张卡片之前或后,若是圕内藏有几本杜定友所著的书,也可以同时找到。

　　若是找书的人,把该书的著者姓名忘记了,只记得该书书名是"学校教育"等等,那末可以在"⺌"部里,去找"学"字,就有一张卡片如下(图五)。这张卡片叫做书名目录卡,简称书名卡。卡上所载的较为简单:

		(14 年)
210		学校教育指导法
127	杜	定友
		◯

图五　书名目录卡

　　一、第一项是书名。

　　二、第二项是著者。

　　三、书码也是在左角上。

　　这种书名卡,也是照第一项标题排列的。所以在这卡的前后,我们还可以找到其他以"学校"二字冠名的书籍。

　　若是你把著者姓名或是书名,都忘记了。或者你并不知道有杜定友著的一本《学校教育指导法》;但是,你却要找一点关于教育行政的书,那末你可以在"攵"字部里,去找"教"字,就有"教育行政"一个名称。这一种卡片,叫做类名目录卡,简称类名卡(图六)。

210		教育行政
127	杜	定友
		学校教育指导法
		○

图六　类名目录卡

类名卡上的记载,和人名卡一样,不过:

一、第一项是类名。

二、第二项是人名。

三、第三项是书名。

四、书码也是在左角上。

我们找到了这"教育行政"的类名卡,就因此可找到杜定友的《学校教育指导法》,同时还可以找到其他关于教育行政的书籍。因此,我们可以知道:在圕目录卡上去找书籍,有三个地方;即:(一)人名,(二)书名,(三)类名。

也许我们所要找的人名,书名,类名,在圕内是没有的,或是不用的。譬如我们要找孙逸仙的著作,或是孙逸仙的传记。但是孙逸仙,名文,号中山。他所著的书,或他人称呼,各有不同。圕内便不能不取一个划一的办法。使各种相同的材料,可以集中起来,因此有一种异名卡(图七)。

这里"孙文见孙中山"就是说:圕内的书籍,遇有"孙文"的,都改用"孙中山"。要找"孙文"的,去找"孙中山"就得。同样"孙逸仙见孙中山",因为"中山"二字较为通行。其余"运动见体育""历史——中国见中国历史"都是同样意义的。找目录的时候,发见了这种异名卡片,就该依它所指示的,去找相当的记载。

		孙　文
		见
	孙	中山
		◯

图七　异名卡

也许我们所拟找的类名,或不能适合我们的需要。譬如我们要找一本关于民生主义的书,但是我们却去找"三民主义"的类名卡片。因为在这类名之下,或许有述及民生主义的书,不过只有一本书内的一章或一节,却没有单行本的,所以在这类名片之下,却有一张卡片如(图八)。

这叫做同名卡。上面所说的意思,是:你们要找"三民主义"的,若是这里所列的书,都不甚惬意;还可以去找"民族主义""民权主义""民生主义"的名下的书,也许那里有你所要的书呢。

		三民主义
		参见
	民族	主义,民权主义,民生主义。
		◯

图八　同名卡

因此我们可以知道,在圕里找书,有三种目录卡,二种辅导卡,这五种卡片的格式和意义,我们须先分辨清楚。至于编目的详细方法,和卡片上的各项标题,我们在第二十六至三十三课,再行详论。这里不过就找书人的地位,说明目录使用的方法罢了。

参　考

一　人名卡旧称著者卡,现在改用人名,与书名,类名,等并列,似便于记忆。比较"著者卡"三字,范围较大,更易明了。因为"人名"二字,可以包括一切著者,编者,注者,译者等等。

二　异名卡旧称见卡。现改用"异名"二字。因为"见卡"二字,极为生硬,而且并不能表示内容。"参见卡"改为"同名卡",也是这个意思。

三　异名卡与同名卡二种,旧称参考卡。因与"参考书""参考事业""参考部"等,易于混乱。且异名卡的功用,并不在参考,所以改为辅导卡。是辅助和引导我们找目录的意思。

问　题

一　目录卡有哪三种?

二　人名卡记载些什么?

三　书名卡和人名卡有什么分别?

四　为什么卡上要写明该书的出版年期,和该书的页数?

五　目录怎样告诉我们到架上取书?

六　什么叫做类名卡?

七　异名卡有什么功用?

八　同名卡是什么?

实　习

一　由教员指定,每人在圕目录内,找某某五个人所著的书,注明书名书码。

二　由教员发给每人书名五条,由目录中去找该书的著作人姓名和书码。

三　找二张异名卡。根据该卡去找出书籍,注明著者书名书码等项,并将该异名卡录出。

四　找同名卡一张,根据该卡去找出其他各类的书籍,注明著者,书名,书码,并将该卡式样录出。

以上实习时,每书用纸条抄录以便核对。

第六课　借书还书法

我们从书架上找到了所要看的书之后，就可以拿书到借书处告借。借书的手续，由圕规定借书章程，我们要照手续办理。对于借书章程所规定的事项，我们尤须彻底了解。要知那些规定，都是为大众的利益而定的。因此，我们要注意下列的事项：

一、借出本数的规定　圕的书，普通规定每人限借二本。这是因为书少人多的缘故。若是各人可以尽量借书，那末好看的书，有用的书，被少数人告借一空，后来借者必定有向隅之感。而且一个人借了很多的书，未必能够同时阅读；那末别人看不到的时候，而你所借的书，反而呆搁在架上，岂不是很可惜，很不公平吗？所以我们在选书的时候，要留意一些，要把真真要看的才告借出去。若是一本书只要看一章或一节的，那末该在圕内阅读，不必告借出去，以免有碍别人阅览，这是我们要了解的。至于有的时候，我们为参考起见，必需同时阅读四五本以上的，那末这种参考工作，只能在圕内举行。要知圕本来是一个研究室，工作室，并不是单作消遣阅览用的。而且在圕工作的时候，有许多参考书可以随手去翻检。若是所找的书，内容不很丰富，或不甚适用，还可以立刻掉换，大家省了许多手续。除事实上我们应在圕内工作之外，我们还须养成在圕工作的习惯。要知一般大学问家，大发明家，无不从圕内培养出来的。所以能够不借书出外，于个人和同学，实在是都有利益的。明白了这一点，我们对于借书本数的限制，非但是了解，而且要和圕合作,以谋大众的便利。

二、借书种类的规定　圕对于参考书及新到书籍和杂志,往往是规定不得出借的,这也是完全为了大众的利益起见。因为参考书是大家要看的,倘使借出,那在馆阅读,或来馆参考的人,就得感受困难。而且参考书是只供参考翻检,原用不着全部阅览的;即使借出去,也没有十分大用,不免呆搁在书架上,徒令人不便。至于杂志,一方面因为看的人多,未便借出;一方面为易于遗失,将来难以补购。往往有许多杂志,出版后数天,便已售空;以后难有再版希望。借去的图书,虽有借书人保证人负责,但也不能绝对保险的。天灾人祸,哪里能说得定呢? 所以借书人对于借出的图书,自当小心看护;但也不能自恃太过,硬要把贵重或规定的参考书借出。将来万一有什么遗失,就是能照价赔偿,也于心有所不安的。所以我们对于圕所规定不能出借的书,总要了解它的原意;不要假设了许多理由,与圕馆员为难才好。

三、借书期限的规定　小学圕借出书籍,往往以一星期为限,到期必须归还,或续借,这也是为了大众的便利起见。若是没有这种限制,圕的书就不能流通。有许多人要看的,被你长期搁置,自然感到不便。反过来说,若是你想看一本书,适被人久假不归,你心里如何感想呢? 要知圕的目的重在流通。我们希望每人都能平均享受圕的权利,所以每人都有遵守规则的义务。若是过期不还,自当照规则处罚,这是我们应受的处分,不该提出许多理由,来搪塞违抗。因为还书的时候,超过了规定的时间,就是违背了规则。我们只问过期不过期? 不问理由不理由。因为规则上,并没载明有什么理由,可以过期免罚的。要知借书的时候,是根据规则,应允在某日以前交还的,若届时不能交还,这是谁的责任呢?

四、特殊的规定　圕内对于教职员和高级学生,往往有特殊的规定。又如普通图书,限借一星期,而对于特种图书,或限定一二小时或一二天的。这种种特殊规定,都是根据需用的原因,事前规定的。譬如教职员借书，往往于本数期限，都没有限制。这因为教员担任教授，于学生学业负有完全责任。所以学校各种设备，都应设法适应他们的需求，学生是不能援例要求平等待遇的。又如临时的参考书，即保留书，由教员临时指定，作为全班所参考的，得由圕斟酌情形，规定借期，也不得任意要求。总之一切特殊的规定，都是为了适应特殊的需求，普通情形是不能援例办理的。

五、教科书不得借出的规定　学校圕本来是参考浏览的地方，凡课堂上所用的教科书，都应由学生教员置备。即使圕内偶有一二本，也只供其他各科各班参考，不应向圕告借的。可是有许多教员学生，不明白这一点，对于自己天天应用的书，也不去购置。简直以上课的课本，是过渡的东西。上完课就用不着的。他们于自己的职责，未免太不忠实了。

向圕借书之前，应该明白询问各种规则和手续。这种遵守规则的习惯，是要从小养成的。有了这种习惯，将来于个人，于社会，于国家，都有莫大的利益。这种遵守规则的重要，在课堂上教员已经告诉你了，该在圕内实行起来，不要临事时，说着"我没有留意"或"我忘记了"那些话，这是有损人格的。借到书后，就负有以下的两重责任：

甲、阅读　借到了书，就该立刻去读；读完了不待到期，立刻归还。若是明知这几天内无暇来读书，或并无急需，就该不要去借；借了也该先行交还，以免阻碍别人的便利。若是看了几页，不甚惬意，也该立刻归还，不要转借他人；因为转借也是规则所不许的。而且转借了，与圕记载不符，将来也许发生许多困难和不幸的事件。这是我们该注意的。

乙、保护　我们借了书籍，就是该书的保护人。因为圕的书是公有的物件，若是有些损污遗佚，我们大家都受着损失。这一点公德心，我们最底限度，也该能办到。

借书到期的时候，无论读完与否，都该携同原书，到圕交还或

续借。交还的时候,我们该注意下述的几件事:

甲、收回　圕因为有特别需要,于借书未到期之前,得通知收回。这是特别情形,圕当有特权,可以随时收回。我们不能以未到期为理由,故意推托。至于收回之后,或保留在书架上以供众览;或再行短期借出,收回后,原借人得有优先权,这却可以酌办的。

乙、还书　还书的时候,也有规定的手续,应照章办理。借书人尤应注意,各种登记,要完全取消,以免日后纠葛。圕员往往因为事忙,容或有疏漏错误的地方,所以借书人要当时办理清楚,互相合作才是。

丙、续借　借书到期,而该书并未有人预约的,可以照章续借一次。续借的手续,和初次借书一样。各种登记手续,都要从新再办一次。所以必须将原书带回。一来、还书的时候,也许该书有人预约了,就不能续借。若是不将原书带回,就要多跑一次。二来、还书的时候,也许发现圕内有一本更好的书,那就可以立即掉换,较为便利。三来、圕借出书籍之后,也想知道它借出后的情形,是否仍在原借书人之手,有否遭意外的危险,所以续借的时候,是要将原书带回的。

参　考

圕借书方法,各馆略有不同。本书第三十六课,详论标准的借书方法。现在可以先行将本校圕的借书规则每人分发一份,说明各项规定的原意,解释疑难各点。若有不当的地方,可在教室中提出修改意见,以供圕的参考。如能将其他圕的借书规则,搜集参考,更佳。

问　题

一　借书章程因何而定,有几种规定?

二　对于借书本数和期限的规定,怎样最为适宜?

三　试述对于教科书不得借出之意见。

四　借出书籍后,借书人应负什么责任?

五　对于怎样保护图书,有什么方法?

六　还书时应注意什么?

七　续借时为什么要将原书带回?

八　对于借书还书以前有什么经验?

实　习

每人向圕借书二种,翌日交还。并述其间经过的手续,与当时的情形。

第七课　读书法

读书方法,论者甚多,但是大都偏重于理论方面。譬如论读书的目的,有因修养人格而读书的,有因增广智识而读书的,有因职业而读书的,有因消遣而读书的,有因文凭分数而读书的。以读书方法而论,有应重思考的,有应重记忆的,有随意浏览的。书籍方面,有应读的,有不应读的,有应精读的,有应博读的。至于精读的方法,有眼到,心到,口到,手到种种。除了这四到之外,其他种种颇嫌空洞。而且读书的目的,各人不同;应读的书,也因目的而异,不能有所规定。这里不必详论了。

所谓"四到",胡适先生说:

"何谓'眼到'呢? 就是我们看书的时候,眼睛要留神——眼睛要到。我们时常看得报纸上所发表翻译的文字,总是错字很多。何解呢? 都是因为眼不到的缘故……所以我们看书的时候,对于书本上的一句的一字,一字的一点一撇,一 a 一 b,都是不可轻易放过的,是要有眼到的工夫的。

"何谓'口到'呢? 就是要多读。譬如学文学的人,于文学中有名的作品,可以为模范,非多读不可;并要读得纯熟。最好要能背诵,以便随时随地,轮船上,火车上,都能拿来吟咏,养成一些诗文的腔调。那末自己作起来的时候,提笔就有。又如学外国文字,也非多读不可……

"何谓'手到'呢? 手到就是用我们的手,来帮助读书。

这是我二十年来的经验，觉得最不可少的。一般读书的人，最大毛病，就是不喜动手。每每总是笼着手，或躺在睡椅上看书。遇着了模糊记不清楚的地方，就以'大概是的吧'五字了之，懒翻字典，懒看参考书。所以所得的知识，尽是些糊糊涂涂不可靠的东西。我们现在要打破这种不良习惯，要多用我们的手，要做手到的工夫。手到的工夫，可分四项来说：（一）多翻字典和参考书：遇着了记不清楚的字，或别的疑难，就要翻字典或参考书，务必要明白而后止，决不使他稍有怀疑。（二）节记：遇着了重要精粹的地方，如文学书里最佳妙的诗词等，把他节录下来。一来、以便随时可以翻阅；二来、抄一遍，使我们脑子里的印象格外深，胜过读了十遍。这是我们做记忆工夫不可少的第一着。（三）札记：遇着文字上的，或意义上的疑难，翻字典，翻参考书，也不能解决的，就把它录下来，以便有机会时，拿来和师友讨论，或从旁的书里寻找。又如我看某本书或某章书的时候，有什么特别感想，也可以写在札记上，以便和人家讨论，求正确的知识。（四）整理：我们看一本书或一章书，若仅是走马看花的看一遍，定获不到什么。纵得到一点，也不过是零零碎碎的知识。要真有所得，必须把全本或全章，从头至尾，整理一下，写出一个大纲来。这然后才能记忆者，才算是真的知识……

　　"何谓'心到'呢？就是了解，或是懂得所读的书。说到'心到'，古人虽是已经说过，可是我所说的和古人的，全然不同。古人所谓'心到'是要把心捉往，放在书本上，去了解他。我看这样是不可能的。我们看书，要了解，要懂得，有四个条件，是不可少的。（一）设备到：要做心到的第一个条件，就是要设备到。所谓'设备到'，就是说：关于我们所研究的东西，都要设备完全——什么书，什么字典，都要有设备。既是完善，那末我们遇有疑难，马上就可去翻，马上就可解决。纵有不能解决的,也就极少了。所以我常劝人'卖田买书'。饭是可以少吃的,衣是可以少穿的,书是不可不多买的。(二)手到:这个手到,就是我刚才讲的那个'手到'……(三)方法到:我们读书,是要有方法的。没有方法,是读不通的……(四)学问到:学问到就是说要多读旁的书,我们所专习的一科的书,固然要看要读,就是旁的科的书,也要看。何解呢?因为各种学问,是互有关系的……"

　　见胡适之著《读书的方法》一八页—四〇页

　　以上论"读书四到",持论极为透彻,而且能发前人所未发。不过所论的,都是对于一般读书而言。譬如论"手到",要翻字典,看参考书,在这很简短的演讲内,当然说不到怎样翻法,怎样看法,更讲不到看甚么书,查什么字典,就是其他一切的论读书法的文字,也没有提及这一点。至于学校上课,也以"读书法"为学生当然知道,而不必讲授的,所以课程上有国文呀,数学呀,物理化学呀,却没有"读书法"这一门功课。而各科教授,教数学的,只知代数,几何,三角;却没有讲及数学科应如何去学习,如何去研究。这是教授法上一大缺点。学生因为不知道读书正当方法,而受学业上的损失的,真不知多少呢!圕学是研究图书的,所以读书法也是重要问题。这个问题,非但研究圕学的人要注意,就是一般学生以及读书人,都该十分注意呵。

　　在圕学上讲,是怎样去读一本书或一类的书,而与读书目的和求学目的,是别为二事的。因为我既然拿起书来读,当然是有目的的;即使意在消磨时光,也未始不是一个目的。至于目的的好坏,我们可以暂且不必过问。因为我们既然是讲读书法,就应注重方法上的问题。

　　在圕内,怎样在书架上找书,怎样在图书目录找书,怎样借书还书,以前讲过了,且实习过了。但是一般教员,拿到了一本书给学生的时候,就说:"你们去读吧。"却不说明怎样去读,使读者无

从下手。照圖学的方法,有以下各种步骤:

一、在书名页上,看那个完全书名是什么,所谓完全书名,就是除了平常所谓书名之外,还有述明该书是否某丛书之一,它的内容,包括什么,适用于什么程度。譬如《索引和索引法》一书,书名之下,注明"图书杂志和报纸",若是我们现在要找关于报纸的索引,一见书名,就知道内中有材料可找。若是我们要详细的报纸的索引材料,那末这一本小书,包括了三种材料,他所编的,当然不能详尽。就可不必去看它,而另找其他相当的材料。所以看书的时候,第一要把书名认识清楚。可是现在尽有读书人,读完了一本书,还不知道该书正确的书名是什么。这种可笑的事,实在多呢。

二、在书名页上,还可以看见著者的姓名。在外国书上,往往把著者的学位,职业,和他以前做过什么书,都记载在上面。这就是使读者注意著作的人。有许多书,书名很好很能动人,而内容却是不堪。所以我们读书,不能单靠书名;要辨别书的良窳,最重要的,是注意著作人的能力,和过去的成绩。翻译的书,更应注意。譬如日本文,是比较容易学习的,往往一个人仅费了一年半载,学会了日本文,就随便拿一本日本名著来翻译。到底书内所述的,他是否有相当的研究,都不过问,这种书是很危险的。还有一种,是编辑的书。在外国"编著"二字,是分别得很清楚,而不容混乱的。因为"编"的,只拿别人的东西,辑成一帙,而不参加自己著作的。"著"的才是自己的著作,所以我们读书的时候,就要注意这本书是编的,或是著的。可是中国的出版界,太不注重了,往往编著不分。一个人本来对于一种科学,没有什么研究与经验的,却可以拿十几本书,东抄一段,西抄一段,也就可以出版一部著作了。还有一层,一本书是著作人的心血精神所寄,我们读其书,应知其人。要读者与著者之间,发生一种感情和信仰,那末读了这书,方才有意义。而且对于著者的作风态度和人格,往往影响于我们的学识生活甚大。所以读书的时候,对于著者不可不十分注意。可是现在读书人，读了书而不知道著者的，实在多哩。

三、在书名页上，第三项应注意的，是版次。版次的意义，有几方面：

甲、科学的书，要版次最近的。因为科学日新月异，材料务求其新颖。所以一本书初版时很有价值的，若是有了再版，则初版就不能用了。

乙、版次愈多，愈可以证明该书销路之广，用的人多，那末这本书自然是比较可靠。不过有的书也有奸商假造的，要辨别清楚。

丙、古书同属一书，有数十种版本之多。各版的内容，尤其是校对的正误，大不相同。往往一本书的价值，全在这版本上的区别。

丁、同属一书，有修正，增订，和增修三种。修正是将以前的错误修正的。增订是除了以前的东西照旧外，另加几章的；增修是又修又增的。

所以版次一项，也是非常重要的。可惜中国书除古书外，不甚注意。所谓再版，只是翻印而已。翻印是把原书重印一次，不加增修的；而且所谓再版三版，其中还往往有虚伪，这是我们不可不慎的。

四、在书名页上还有出版人和出版期，也要注意的。尤其是现在中国出版事业初兴的时候。一般小出版商，惟利是图，往往将一本内容不堪的书，挂了一个冠冕堂皇的书名，不是抄袭剽窃，就是改头换面，实在害人不浅。不过哪些出版家是靠得住的，哪些是应该注意的，一方面要靠教员随时指导，一方面靠个人的经验与考虑，这里却不能定什么标准的。出版家也和著作家一样，要得读书人的感情和信仰。所以诚实的出版家，决不用虚伪的手段去骗取金钱，而失却读书人的信仰的。

五、在外国的书名页背后，还有一个著作注册日期。这个日期，十分重要。因为该书内容的新旧，全由这个日期表示。中国书上有注册日期，还是最近的事，向来只有版权页上注明初版何时印刷，何时发行，何时再版等等，总算略有版权注册的功用。不过一部书往往编著之后，一二年才去付印的，所以中国书的内容，新旧很难断定。

以上所述书名页的种种，是我们读书的时候，要认识清楚的。可惜中国的书，往往对于书名页，不甚注重。有许多书只有封面，而无书名页的。所幸新出的书，都有一张版权页。这页上的记载，与书名页有同一价值。所以我们可以说：真正的读书，要先读最后的一页，这不是笑话，却很有理由呢。

读了最后一页，就可以开始读正文吗？不，我们不要着急，因为平常的读法，拿到了一本书，不问书名和著者，就翻开第一页正文读下去，照圕学上看来，这是不对的。我们除了书名页之外，还有比正文要先注意的事项呢。因为书名著者，并不能与内容完全相符。书名著者，也许不能表示我们需要的东西，所以还有种种我们要注意的：

一、目次　我们读书，并不是一定要自始至终读完的，这要看我们读书的目的何在？譬如读小说书，那末书上本来没有什么目次，即使有的，也没有什么关系。至于读科学书，却就要研究我们读书的时候，是否要找一个问题的解答，或找一种材料。那末这个目次，是必不可少的了。我们要看这本书的内容章目，排列次序，是否合我们的需求；对于我们所要找的东西，是否有专章讨论；若是有的，该章有多少页，是否详尽。即使我们的目的，不在寻求一事一物，也应先看目次，知道该书内容大概如何，各章的次序关系如何，方才可以去读正文。因为先看目次，可使我们对于一部书，有整个的印象。

二、序跋　一本书的序跋，在读书人看来，大概是无病呻吟，或是照例的文章。至于近来出版的书，往往请几个大人物，写两篇序，除了称颂或广告作用之外，本来是不值得一读的。所以读序跋,也须加以选择。譬如一本社会科学的书,倘作序的是学界上有名的社会学者,那末他的序文,当然必须一读。至于作者自序,弁言,导言,绪论,等等,是必先一读的。因为看了书名目次等等,虽是惬意;但不知作者对于这些材料如何处置,如何编排,他对于一事一物,为什么要这样那样的叙述,譬如本书上的编辑大意和导言,若是著者不在这里提及,恐怕十分之九,不去留意的,以为这是照例文章,不值一顾。要知正惟在那里方才可以知道本书的宗旨,目的,和教学的方法。对于教材的编配,教授的方法,本来没有什么神秘,教员学生都该十分明了。抱着共同讨论的态度,大家有同一目标,同一了解,那末上课的时候,才有兴趣,有效果。

我们读了以上的种种,对于该书的大意如何,我们应否读这本书,大致可以决定了。决定后,才可以进行读书。但这不过读书法的开始而已,至于怎样去读正文,怎样去找材料,我们以后再行详论。但是这里所述的,简单的图书选择法,也非常重要的。若是不慎之于始,那末徒费时间与精力,而毫无效果。有许多人,读书很多,而所得有限的,都是因为方法不善。所以本章所论,虽较详尽,其实对于读书法,还不过十之一二罢了。

参　考

一　陈华《读书法》　二　顾仞千《读书法概论》　三　胡适《读书的方法》　四　各期《读书月刊》

问　题

一　读书目的有几种?

二　何谓"四到"?

三　书名页上,有几项我们要注意的?

四　试述版本版次之意义。

五　试述著作人出版家与读书人的关系。

六　为什么读书要先读最后一页? 那页上有些什么?

七　读书先看目次和序跋,有什么好处?

八　读序文应该如何选择?

九　试述读书不先慎选的害处?

一〇　回忆以前读书的经过,是否与本课所述的步骤相同,或有什么相异的地方。

实　习

一　在圈内任选二书,试述对于书名著者两项的感想。对于著者如不相识,最好找他的传记事实,和他所著的其他书籍。

二　找两本相同的书(即同属一类的书,如心理学,物理学等等),将它们的书名,著者,出版处,出版期,全书页数,编辑宗旨,与方法,章目的排列,与各章的分配,附表多少等等,一一列表,互相比较,然后决定哪一书较好,并列举其理由。

第八课　研究法

　　上一课读书法,还没有讲完,在这里再继续下去。本课题目,为"研究法",与"读书法"有连带关系的。以前所讲的,可算是读书法的表面。这里所讲的,是内容,就是讲开始读正文的方法。我们读一课书,就是研究一个问题;一方面,也可以说是研究一课书应该怎样读法。所以这里所述的研究法,范围只限于这一点。这是我们在本课正文开始之前,要先行声明的。

　　我们拿到了一本书之后,先看书名,著者,出版,再看目次,序跋等等;若是件件都合意的,我们当然可以开始读这部书了;其实我们在未读正文之时,我们先要问一问,读这本书的目的,是不是在求得该书全部的知识? 若是,那末应得从头至尾的去读。倘然我们只要知道一部份的知识,那末只要看看目次,选我们所要读的去读就行。若是我们只要找一事一物的解释,倘去翻检目录,未免麻烦而多费时间;那就得直接去找索引,翻至那一张那一页上,专读那一节便了,不必去全部读过。此外,教科书有教科书的读法,小说书有小说书的读法,参考书有参考书的读法,所以要先辨目的,而后再定方法。若是不问目的,翻起来一五一十的一字不能放过的去读,岂不是很不经济吗?

　　假使我们的目的,明白决定了。我们还要先看该课或该章的节目,然后可以对于全部的分配和关系,先得一个概念。那末到读的时候,方才知道每段每节,我们应该知道些什么? 读书时候,分为初读,次读,三读三步。

一、初读　读书的时候,要先将全课很快地约略看读一遍,以求得全课的一个概念,知道这一课大概讲些什么。读了这一遍之后,我们可以比较各段各节的大意,是否与第一次所看的节目相符。要等到这个概念明白肯定了,方才开始次读。

二、次读　第二次读的时候,分三步:

甲、辨疑点　读书的时候,要能辨别疑点——对于这一课书内,有什么疑难字句,有不明白的地方,就要去查字典,翻参考书[一];务要把全课的文字意义,完全了解才好。

注[一]参考书用法详第九至第十四课。

乙、辨主旨　每一课每一段,总有一个主要的事件。我们要把这种主旨认清楚,才可以明白全课的目的何在。若是该章该课,没有节目标明的,这一层手续,尤为重要。

丙、辨轻重　全课的主旨,有重要的,有次要的,要能够体会,辨别清楚,方才可以得到实益。若是不分轻重,统统记忆起来,将来印象渐渐模糊,就变为一无所得。

以前所谓读书四到就是完全用在次读的时候。不过只求四到而不辨主旨,不知轻重也是不对的。四到之外,似可以再加一到,就是"笔到"。何谓笔到呢? 是读书的时候,我们要手到之外,还要多用笔。遇疑难的地方,用笔记起来;找到了解释后,用笔注起来;主旨的地方,用笔钩出来;重要的地方,用笔圈起来;最好是用红蓝铅笔,分别重要次要的材料。我们对于圃的书,和别人的书,要加爱惜,加以保护,慎勿损污乱涂,但是对于自己的书,切勿爱惜。这并不是拿书来任意涂鸦,要应注应圈的地方,就要圈注;不过,不可过分。圈注的太多了,反而轻重不辨,有失原意。

这里顺便道及一件事,就是有许多学生,很爱惜他们的书,一些儿不肯圈注,连名字都不肯写上。为的是,他们读了一本书后,还可以卖给别人呢。这种学生,根本是不读书的。教员对于这种学生应特别注意。

三、三读　这是复习的意思。若是次读的时候，照上面所述的，一一辨别清楚。那末到三读的时候，可以不必用书，只要闭目逐一回想一过，当然全课的主旨，哪些主要，哪些次要，都一一活现眼前。不必用甚记忆，而已能熟记了。能够每一课都按这步程序，一一做去，那末对于所学的，自然全部了解，记得清楚。考问的时候，当然不必温习，考试的及格，也是当然的事。而一般学生，平日不知用心，常致"急来抱佛脚"；即使平日用心的，也因读书不得其法，虽然终日孜孜，临考试时，手足不知所措，殊为可笑。要知学生的学业，是由编书人，教员，和学生自己，三方面负责的。学生在校一日，他的知识学问，应增长一日。学生生活，每日长进；他的学业，也该按日长进；而不应注目在大考小考的成绩上。以本书而论，大考可以从宽，而平日功课，不可不每日交代清楚。我们要学生学业长进，学生要试验自学的能力；可以用本书为法则，以本课为模范。半年之后，当信著者之言为不谬也。

读教科书预备功课，和普通的读书方法，照上述的手续，看来是很迂缓的；但平常我们拿起书来，从头读起，读了三五遍，把书上的文字记忆起来，就算了事，这种方法，收效很少。学生读了几年书，考试科科及格，而实用的时候，毫无效果，都是这个原故。至于读文学书，读一篇诗文，那末他的方法，当然和上述的两样。若是更进而想研究一个问题，真正做一点学问工夫，那末读书的方法，又不同了。现在且将普通的研究方法，略述如下：

一、研究题目的拟定　凡是研究一个问题，总要有一个很明白的目标，和肯定的范围。从事研究的时候，尤要有种种假定，才可以有入手办法。即平时预备功课，也要先知道这一课的目的何在？对于某问题起了一种怀疑，然后用各种方法去解释它。这是研究上第一步手续。

二、研究材料的搜集　有了目标和范围，又有种种假定之后，还未能确切地去解释或证明一切,所以要去找集旁的材料,以补不足。因为无论什么书报,对于某一问题,决不能引述详尽的;而且世界事物,变化万千,所以要找多量的材料,方才能够应用。

三、研究材料的选择　有了材料,就要加以选择,分别取去。因为有许多材料是靠不住的;尤其是近来出版的书籍,往往著作的人,纯以金钱为目的,所编著的书,并不是要适应什么需求,也不是报告什么结果,而且他没有什么专长,只是拿人家的著作,七拼八凑,就成了自己的书了。他们本身对于某科没有研究,所以材料选择不当,以致以讹传讹,实在数见不鲜呢!

四、研究材料的整理　我们搜集所得的材料,经过选择之后,就要分别组织,整理起来。因为各家所举的事实,往往于编制上,篇幅上,语气上,种种关系,他们的组织,不能适合我们研究之用。即如上一课所讲的读书五到,分开二课讲述,现在尽可以组织起来,列成一表。总题为读书五到,下分眼到,口到,笔到等五项,每项之下,再分数节。例如"心到"之下,分"设备到,手到,方法到,学问到",而"设备到"之下,可以再分为"置备参考书"和"购置新书"两节,这样一一列明,始便研究。

五、研究结果的证实　我们所研究的结果,未必完全可靠。所以还要用种种反证,种种实验,去证明它的可靠的程度。世界上的学问,没有一种是全是全非的,今日以为是的,明日也许以为非。所以要继续的研究,继续的试验。在学生时代,虽是谈不到什么伟大的研究,重要的发明,但是一事一物,都是我们研究的范围,都值得我们推敲。世界上的科学发明家,都是由不断的研究中锻炼出来的。我们努力呵!

参　考

关于材料搜集和整理,参考杜定友《著书术》第二三四章。

问　题

一　述读书目的与读书方法之关系。

二　将读书的三种读法,列成一表。

三　何谓笔到?

四　读书法与研究法有什么分别?

五　述研究的五种步骤。

六　材料应如何选择?

七　材料应如何整理?

八　试将读书五到列成一表。

实　习

一　由教员指定两课内容相仿的书,一用三读法,一则直读五遍。然后将大意默出,比较哪一种方法可靠。

二　每人读小说一篇,读后作读书报告,注明该书书名,著者,全部页数,阅读时间,全篇大意,优点何在,缺点何在。

第九课　图书参考法

圖的书，大别可以分为两部份，一部份是读的，一部份是用的。所谓读的书，就是文学小说和各科教本等等，是要全部读的。所谓用的书，就是各种参考书，是拿来作研究材料的。参考书的特质，如下：

一、增加常识　这里所谓常识，是指一般的知识而言。因为平常的书，它所叙述的，是首尾一贯和专门于一方面的；而参考书大都是对于一般知识，或某种专门知识，作广泛的叙述，片断的记载而已。我们看了一部参考书之后，可以得到一般的知识，或某科的各方面观，所以能增加常识。

二、解答问题　参考书不必专精地研读，只是用作研究材料，解答难题罢了。譬如我们要找一件东西的记载，或是一个字的音义，或在研究上发见有甚疑难的地方，就去用参考书。又譬如我们要知道曹植是什么时代的人，若是我们拿一部普通历史书籍来找，不知如何下手；若是拿一本《人名大辞典》来找，那末一检即得。这《人名大辞典》就是参考书。

三、部份阅读　参考书用不着去全部阅读的。如字典是一部参考书，为我们随时稽检之用，不必自首至尾全部去读。不过也有许多参考书，因为内容简便实用，却也值得全部阅读的。

四、编制不同　参考书因为是要拿来用的，所以对于用的方法和编制上，尤为注意。例如中国字典类，是拿部首或笔画来排比的;史地类的参考书,也有分年分国的;其他普通参考书,都各有其分门别类的方法,以便检查。它的体裁格式,和平常用的书不同。

五、内容广阔　无论哪一种参考书,它对于一般或某一专科的知识,都包罗一切,应有尽有。例如一部中国字典,对于中国的字,当然包括殆尽。不过有时候因为用法和用书人的程度上关系,也有缩小范围的;不过在一定范围之内,也是应有尽有的。

根据以上五点,我们可以辨别什么是参考书了。不过在圕内,参考书还可以分为两种。一种是永久的,一种是临时的。

甲、永久的参考书,是指一般的参考书,如字典,辞典,各科全书,便览等等,永久置在阅览室内,以供阅者随时参考之用。照章这种参考书,是不能出借的。因为人人都需用,不能须臾离开圕,以免阅读时发生困难。

乙、临时的参考书,是指平常的用书,由教员指定作某一科临时参考之用的。这一种参考书,在圕学上作为保留书,或称定备书。与教学上的关系极为重要,而圕与教授的联络,也大半在此。譬如教授本书的时候,每一课总有几本参考书。这些书,本来可以出借,供人随意浏览的。但是到了教授的时候,我们就该让给这一班学生参考之用。用完,仍放回书架,作为普通书看待。一个学校,若是临时的参考书很多,而教员学生着实能够利用的,那末这个学校的教授法,当然不是死守教科书主义的了。

临时参考书的用法,随时应由教员说明,这里不必详论。至于永久的,或是普通的参考书的用法,也是各有不同,例如字典有字典的用法,辞典有辞典的用法。我们在下一课,再行详论。现在先讲一般参考书的用法。

教员除教书之外,对于课外读物,或课内参考书;应随时介绍给学生,指导其阅览。不过平时所谓介绍,只是对学生说:"这部书很好,你们可以看看。"这种介绍,是没有用的。正当的指示,应注意以下各点:

一、书本　对于参考书的本身,要有清楚的认识。如该书是什么名称,何人编辑,何处出版,出版的时期,该书共有若干册,各册如何分配,各本是否同时出版,或先后继续出版的。

二、内容　该书内容所述,大约是什么;有什么优点缺点;对于时间上,能否包括最近的事物;对于学理或事实上,批评是否公正;对于各科方面的记载,是否详尽;以程度而论,适合于哪种阅者。

三、编制　该书的编制如何,系统如何,章节句读如何,分几部几章几节;各节的顺序如何,若是照字顺排列的,是根据哪种方法;有什么图表或参考书目;对于最近的学理与事实,未及载入的,有什么方法补充。

四、用法　参考书的用法,各书不同。我们要找寻一件事,应该从何处下手,怎样可以用最简便最确切的方法去找,以免浪费时间。

我国出版界,对于纯粹的参考书,出版不多。现在除字典,辞典,类书,在以下几课,提出讨论外;且把普通可以作参考用的书籍与图表,略列数种于后(见附表四),以供研究。我们对于普通参考书的用法,知道清楚以后;遇着问题发生的时候,才知道向何处着手。这是教育上一种最重要而教育家常常会忘记的事。要知学生日后在社会上做事,他们所遇见的问题,不知多少,断不是靠几年内教员所教授的教科书,可以应付得了的。我们要叫他们如何去找材料,如何解答问题,这才是真真的教育呀!

譬如说:我们天天嚷着"取消不平等条约",但是怎样的条约呢? 何以见得是"不平等"呢? 条约的原文如何? 这都是我们要知道,而教科书上所没有的。我们要知道条约的原文,试拿一本《国际条约大全》,一看就明白。但是《国际条约大全》的用法,不可不十分明了。现在略举如下:

一、书本　书名《国际条约大全》,民国十四年增订版,由商务印书馆编纂发行,凡一册,分上下两编,每编十卷,每卷十页至二三百页不等。

二、内容　专载中国与各国所订条约章程合同等,汇集其自前清以来至今有效者,截至民国十四年六月止。

三、编制　本书分上下两编:上编十卷,全载条约,以国为次;下编为章程合同等,以类相从。

甲、上编　载:世界联合条约,中国与各国公共条约,及中俄,中英,中法,中美,中德等二十一国。每约注明订约日期,地点,和代表姓名。

乙、下编　分:租建,借款,矿务,邮政,电报,通商,税则,设关,行船,会审,教案,交际,禁令,解纷等十卷。每事约以订约年代为先后。

四、用法　上下编目录分列。上编各卷,详列各条约名称,及页数,另编《分类检查表》,计分:订约,属地,免厘,浚河,游学等九十六类。凡各条约有关于某一事者,分别归类。用阴文字代表卷数,阳文字代表页数。各条约在半页上端,亦载明该类类名。下编各卷,分类依年代为次,各项章程,均标明题目及页数。

五、略评　本书上卷《分类检查表》太过简单,各类并无一定次第,检查不便;书末未附索引。若只知某某条约,而未知载入何类者,检查困难。各条约只有条文及附款,而并无注释。于该条约订定之原因及情形,不甚明了。

问　题

一　什么叫做参考书?
二　参考书有什么特点?
三　参考书有几种? 并如何用法?
四　《国际条约大全》如何编制?

实习问题

一　欧战之后,何时订有和平条约,该约由哪两方面订的?

二　欧战订和平条约的时候,中国代表是谁?

三　国际联合会之始创会员有哪几国?

四　一九二一年时国际联合会主席及秘书长是谁?

五　试举关于威海卫之条约,及述其租借之大概情形。

六　中日条约中关于山东事件有若干条?

七　民国四年五月间中日两国订有什么条约?

八　国际条约中关于游学及游历者,有如何规定?

九　沪宁铁路(今京沪铁路)曾在什么时候向英国借款,共借若干? 利息若干?

一○　照通商税则,书籍进口,有哪几种可以免税的?

一一　外国螺旋钉,原价每箱十五元。运到中国之后,该价若干?

一三　外国货进口,收税最高的是什么?

实　习

每人就附表中所列的任选参考书二三种,述明其书本,内容,编制,及用法,由教员命题试验。其余各种参考书也应略为过目。

第十课　字典用法

　　字典是普通参考书之一。在圃内,应用最多。但是通常的人,因为不知道字典的内容和用法,以为除了找生字之外,就用不着字典了。不知中国的字,向有形,声,义之分;字体有篆,隶,行,楷,古,俗,省,讹之别。所以我们找字典的时候,非但可以知道一字的音义,而且知道该字的用途和变化。在每个注解之内,还有许多事物,可以增长我们的知识。所以我们读书作文的时候,非但遇着生字,要找字典;即使对于该字有一点不明白,或欲求该字的另一意义,或想找一个相关的字,或是同义异义的字,都可以在字典中解决。所以字典实为我们读书最要的工具。不过近来出版的字典很多,内容不一,所以不可不慎为选择;而对于字典的内容用法,尤不可不十分明了,以便参考的时候,不致虚劳稽检。现在将通行的《国语学生字典》的内容和用法,举例略述如下:

　　一、书本

　　甲、书名　《国语学生字典》;

　　乙、编者　陆衣言马俊如许逵伯;

　　丙、版次　六版;

　　丁、出版　中华书局;

　　戊、版期　中华民国十九年九月;

　　己、篇幅　一册,分子——亥十二集,每集约三十页。

　　二、内容

甲、例言　例言十四条,说明所收的字数,注音方法,和一字数音数义的办法;

乙、附表　(一)检部表　将部首依笔画排列,注明集数和页数;(二)检字表　将各字依笔画排列,注明集数和页数;(三)国音字母表　分声母及韵母;(四)国音五声的类别;

丙、正文　子——亥集,各集页数并不连贯。

三、编制

甲、部首　每集先列部首;

乙、画数　同部的字,分注画数,字数少的,合并标明,如【十四画到二十画】;

丙、本字　每字的注音注解,依下列次序:(一)本字　用【】标明;(二)注音　分三部:(甲)注音符号如一字有数音的用⊖⊜等标明,(乙)五声用□形标明阴平、阳平、上、去、入等字,(丙)贴音或反切,以便不认识注音符号的检查;(三)释义　各字都用国语注解,内容有三种:(甲)本字的注解,若是一字有二种以上的,用❶❷等分别之,(乙)熟用的复词和成语,也斟酌分别收入,(丙)对于不容易明白的字,除去注解之外,又另举证例,以免误会。

丁、指引　为检查便利起见,每页版口上标明部首和画数。

以上所列甲、乙、丙、丁四项,是一般的内容和次序。但是也有许多,只有一音一义的;也有只有释义,而没有证例的;也有破体字,俗字等等,只用互见法注明的。现在将该字典的一页,附印如后,以见一斑:

四、用法　检查字典,先要知道该字典的内容和编制。用本字典的时候,有几点要注意:

【徕】㊀ㄌㄞ 阳平 古"来"字。㊁
ㄌㄞ 去 勒礙切。叫别人来;如
招徕。

【九画到十四画】

【御】ㄩ 去 鱼遽切。㊀管马管车
的人;如御者。㊁统治。㊂天子的
敬称;如御书,御笔。㊃通"禦"

【徧】ㄅㄧㄢ 去 臂宴切。周到;如
徧游。也作"遍"。

【復】㊀ㄈㄨ 入 音"伏"或"福"。
㊀还,去而再回。还原叫做復原。
㊁报答;如復信、復仇。㊂免除。㊁
ㄈㄨ 去 音"附"。再,又;如復生。

【循】ㄒㄩㄣ 阳平 音"旬"。㊀顺;
如循序渐进。㊁依照着,如循法、循
理。㊂摩;如抚慰叫拊循。㊃因循
就是得过且过苟且姑息的意思。㊄
周而復始叫循还。㊅好官叫循吏。
㊆循循,有次序的样子。

【徨】ㄏㄨㄤ 阳平 音"皇"。彷徨。

【傍】㊀ㄆㄤ 去 步浪切。依附。
㊁ㄆㄤ 阳平 同"彷"。

【微】ㄨㄟ 阳平 无肥切。㊀细小;
如微礼。㊁卑贱。㊂衰败;如式微。
㊃精妙;如精微、微妙。㊄瞒了别
人;如微服、微行。㊅语词;如没有、
不是。

【徯】ㄒㄧ 阳平 音"奚"㊀等候。㊁
通"蹊"。徯径,狭小的路。

【徭】ㄧㄠ 阳平 音"遥"。当差。

【徵】㊀ㄓㄥ 阴平 知膺切。㊀召;
如徵求、徵文、徵兵。㊁证实;如徵
信。㊂成;婚礼过聘,古时叫做纳
徵。㊃收集;如徵税与"征"通。㊁
ㄓ 阳平 音"止"。五音之一。

【德】ㄉㄜ 入 音"得"。㊀道德,人
立身的道理。㊁好;如德政、德化。
㊂万物的本性,如天有好生之德。
㊃四时的旺气;如春德木,夏德火。
㊄恩惠;如报德、感德。㊅感激。㊆
德意志,国名,在欧洲西部。

【徹】ㄔㄜ 入 勑揭切。一通

彳部 (八——二) 三〇 寅集

　甲、本字典所收的字数,一共八千余字,只合普通识字人的应
用;有许多生僻的字,不在通用范围之列的,都不在内。

乙、本字典只解释字义,至于各字的源流用法,是不录入的;复词和成语,收入的也很少。

丙、同字异形的字,以熟用字为主体;其余注明"同某字""通某字"或"通作某字;"全书俗体字收入很多。

丁、检字的时候,有以下各种步骤:(一)先在"检部表"内,查明该部首在第几集第几页;(二)检到部首之后,再到某集上,查该字是几画(部首除外);(三)若是不知道一个字的部首是什么,就查"检字表",先计该字一共几画,就在几画内寻去;(四)检到之后,若是一字有数音或数义的,还有两种分别,可斟酌采用,(甲)音同而义不同的,(乙)音义都不同的。

参　　考

字数较多,编辑方法不同的字典,最近有《新桥字典》收字一万五千余。各字排列,则用母笔法。通常所用的字,用三号字排印;生僻及异体字,用五号字排印。正文之前,有单字表。凡字体歧异的,列在上端;起笔歧异的,排在下端;注音则首用国语注音符号,次附英文拼音,末用旧法注音切四声。解释则颇为浅显,引证则成语或古书兼用。各字之下,附注《康熙字典》部首及画数,以便检查其他普通字典。至于该字典所用母笔排字法,虽未见十分完善,但是它的单字表,附有号码,检查起来,还算便利。编印的方法,用上下版,大小字;却是中国字典界的特色。

实习问题

以下各问题的答案,都在上述字典以内的。如能增入别种字典,加以研究,更佳。

一　《国语学生字典》和《新桥字典》,对于注解上有什么不同?

二　在《国语学生字典》内,找"颖,睿,繁,觋,轾"等字的注音,并举释例一条。

三　"岷,觌,躲,异,揔"的正体字,应怎样写法?

四　"氏,抢,乾,属"等字每个字,有哪几种读音?

五　什么叫做"地支,白吃,大祥,小祥,米突"?

六　"炀,欧,栞,栞"等字和哪几个字相同?

七　"折拆,析柝,浙淅,晰晣,晢晢"等字,音义上有什么分别?

八　"戈壁,淝水,琉球,蒿里"在什么地方?

九　麦有几种?

一〇　上列两字典对于字的注音方法,有什么不同?

第十一课　辞典用法

　　字典与辞典,同为圕内的重要参考书。字典,是解释一个字的意义和用法的;辞典,是解释一个词的。所以我们读书的时候,若有不认识的字,就去找字典。若有不明了的词和事物,就去找辞典。辞典的范围很广,有专门与普通之别。专门的辞典,只载关于某科某类的各种用辞;普通辞典,是各科都有的。现在国内出版的辞典很多,各有各的好处;各书内容,也各有不同。我们要对于各种辞典,有深切的认识。对于它们的内容,编制,和用法,也要十分明了。然后读书研究的时候,不至无所措手。辞典所载的东西,非但可以解决我们读书研究时的疑问,而且对于各事物有系统的叙述,可以增加我们的常识不少。我们研究学问,无论什么微细的事物,都该研究清楚。对于引用各种用辞词句,都该有可靠的来历。一部完善的辞典,实是我们的导师,是我们研究的根据。所以养成检阅字典辞典的习惯,却是学生时代的一件很重要的事。

　　现在国内最近出版,而比较完善的辞典,有舒新城主编的《中华百科辞典》。我们把它作一个实例,说明它的内容和用法。至于其他的辞典,只将名目列在本书附表"普通参考书目"内,不能逐一详述了。

　　《中华百科辞典》用法举例:

　　一、书本

　　甲、书名　《中华百科辞典》,

乙、编者　舒新城等二十人，

丙、出版　上海中华书局，

丁、版期　民国十九年三月，

戊、篇幅　一册共一千六百余页。

二、内容

甲、凡例　说明该书内容的取材，分配，和组织，凡八页；

乙、总目　载各项附表名称，和分科索引名目等，凡二页；

丙、检字　凡书内各词，均照该字笔画排列。其检字表，即先注明画数，同画数者，以部首分辨。部首之下，载明某字所见页数——检字表凡二十八页；

丁、正文　各词照第一字画数排列，每页分三行，凡一千二百页；补遗十四页，全书内容约分六类：

（一）社会科学　历史，教育，地理，政治，社会学，社会主义，社会问题，财政，法律，科学通论，经济，论理等；

（二）自然科学　物理，化学，植物，动物，矿物，生物学，心理学，天文学等；

（三）文艺　文字，语言，音乐，绘画，雕刻，建筑等；

（四）数学　算术，代数，几何，三角，数学通论等；

（五）应用科学　工业，商业，医学，圃学，军事，农业，家事，统计学，卫生学等；

（六）哲学　哲学，宗教，伦理，美学等。

戊、附录　书末附表十一种，如地图，大事记，县名表，地名表等，都是参考必需的东西；

己、各科分类索引　将书内各名词，依照性质，分为四十五类，每类之下，依笔画载明各词，并注明页数行数。对于研究某一科学术的，非但检查便利，而且较有系统，可以对于某一科的内容，各方面，有详细的了解；

庚、中西名词对照表　分普通名词与人名二部，均照西文字母排列,附以中文译名,注明页数行数。

三、编制

甲、排列　各词排列,统照第一字的笔画多少为次序;同笔画的,依部首为次序。在每页版口上,注明画数,部首和单字。同第一字的,以该词的长短为次序。

乙、条别　各词之下,有各项释义:

(一)各词有西文原名的,均注明原文;

(二)各词之下,注有"文""哲"等字,指明该词属于某类(各类类名,见凡例第四—六页);

(三)外国人名之下,除附原文姓名之外,并注生卒年代;

(四)个人有著述的,并列明书名;

(五)各词应用统计公式,或列表说明者,均附见各条中,但全书附图的甚少。

四、用法　本书检查方法,也有几种:

甲、凡读书研究的时候,遇着有疑难的名词和事物的界说,或历史上有名的人物(现代的人物,也有少数收入在本辞典内),就依着该名词的第一字的笔画去找;找到画数,再依该字部首找去;找到单字之后,依该词的长短检查。

乙、未能确定该名词的时候,就可以在各科分类索引表内,找相当的门类和名词;找到了相当的名词,再依注明的页数,检去便得。

丙、每条之下,若有其他各条,可供参考的。在该条之下,均注"参阅某某条"等字;若有实同名异的,则注明"见某某条"。

丁、各条注释,均用新式标点符号:人名用——,书名用﹏﹏加在右面。上列各种用法,在下列问题内,可以实习。各问题虽未能适应我们现在的需要,若是我们不实地去翻检,就不能深悉该书的内容和用法。而且检查参考书的习惯,也难于养成。所以要熟悉参考书的内容和编制,最重要在多用多看。我国出版的辞典,与

《中华百科辞典》相仿的,有商务出版的《辞源》和《新文化辞典》等。《辞源》偏重文字上的典故,《新文化辞典》偏重学术上的名称。二书出版较早,所以新近的东西,未能收入,范围也有所偏,不及《中华百科辞典》来得广博。但是其中也有许多,是《中华百科辞典》所缺少的,现在未能一一介绍。阅者应明了上述方法,对于该二书,及其他专门辞典,加以研究。所谓"工欲善其事,必先利其器。"我们要研究学问,对于这些工具,是不可不运用纯熟的(普通各科辞典名称见附表四)。

实习问题

一　字典与辞典有什么分别? 辞典的排列是怎样?

二　"战,图,版,孙"等字,每字几画,属于哪一部? 在哪一页上,可以找到?

三　什么叫"生机主义?"

四　越王勾践在什么时候被哪个所败,被围在什么地方?

五　尼采的原名是什么,他的生卒年代若何?

六　孙武是否孙文的兄弟,试比较他俩的历史。

七　万国运动会的原名是什么?

八　澄衷学校是何人创办的?

九　外国有几个科学发明家,文学家,他们的姓名是由"爱"字起的?

一〇　中国国民党《党歌》,是谁著的? 哪时候做的?

一一　谁是五卅惨案的牺牲者?

一二　由上海到新嘉坡有多少路程? 过哪几个大商埠?

一三　德法两国的国旗有什么区别?

一四　镇江铜山两县原名什么?

一五　中国有哪几个人是藏书家?

一六　荷兰瑞典的都城在什么地方?

一七　Chrysanthemum cinerarufolium Bocc 是什么东西? 有什么用处?

第十二课　类书用法

类书和辞典,本来是同归一类的。据《辞源》的定义说:"采辑群书,或以类分,或以字分,便寻检之用者,是为类书。以类分者有二:(甲)兼收各类,如《艺文类聚》,《太平御览》等;(乙)专收一类,如《小名录》,《职官分记》等。以字分者有二:(甲)齐句尾之字,如《韵流镜源》,《佩文韵府》;(乙)齐句首之字,如《骈字类编》[一]。"所谓以字分者,就是每一件事,不论属于那一类,只要依照该事的名称第一个字或最后一个字找去便得。这种类书现在称为辞典,别为一类,前课已经说过了。

注[一]见《辞源》戌部二二三—四页类书条下。

这里所谓类书,是把各科学术,或是把某科学术的各方面,分门别类的编辑起来,以便参考。前一类,是普通类书;后一类,是专门类书。若是有一种类书,每年出版一次的,就叫做年鉴。我国最大部的类书,就是《图书集成》,该书分六编,三十二典,六千一百零九部,共一万卷,分钉六千册,是世界上大部类书之一。不过在小规模圈内,是不容易购备的。这里暂不详论。此外尚有《太平御览》,《渊鉴类涵》,《事类统编》,《玉海》,《册府元龟》等,也是著名的类书,不过内容很旧。至于最近所出版,较合于现代的需要的普通类书,有《日用百科全书》;年鉴类,有《中国年鉴》。现在且把这两种书,举例详述于后:

《日用百科全书》是普通类书之一。顾名思义,该书的内容,是百科都有的。但是什么叫做百科呢？内容到底是说些什么？现在逐一说明如下：

一、书本

甲、书名　《日用百科全书》；

乙、编者　王言纶（主编）陈铎，周越然，刘大绅，庄适，平海澜，唐敬杲；

丙、版次　民国八年初版，十四年三月十三版。又同年五月，出版《补编》，由王岫庐等编；

丁、出版处　上海商务印书馆；

戊、篇幅　全书二册，分四十四编，每编约十页至百余页，各编均附有图表，又《补编》一册。

二、内容　据编辑大意说："搜集中西图籍，杂志，报章，取其切于实用者，汇纂成书。共分四十四编，都为四百万言。凡属日用不可少之常识，关于科学，艺术，职业，以及国家，社会，家庭，各方面，悉赅备焉。书内纲举目张，条分缕析，以便观览。"内容包括各科如下：

甲、关于科学方面：有天文，地理，历史，理化，博物，哲学，伦理，宗教，教育等等；

乙、关于艺术方面：有书画，美术，音乐，运动，游戏，术数等等；

丙、关于实业方面：有农，工，商，应用之智识；如算术，簿记，农艺，工艺等等；

丁、关于政法方面：有政治，法律，外交，军政，财政，租税，经济等等；

戊、关于社交方面：有酬世文字，公文契约，联楹，婚丧礼节，音乐，跳舞等等；

己、关于家庭方面：有缝纫，烹饪，卫生，育儿，救急，娱乐等等；

三、编制　上册，第一至二十编；下册，二十一编至四十四编；补编一册；全四十四编。各册细目，酌录如下。篇目中有括弧者，系补编中增删之处。

甲、上册　（一）天文（二）时序（三）地理（四）历史（五）教育[教育及宗教]（六）哲学及伦理[哲学]（七）文学（八）书画（九）算术[数学]（一○）簿记（一一）公文（一二）契约（一三）柬启（一四）尺牍（一五）楹联（一六）礼制（一七）政治（一八）法律（一九）外交（二○）军政

乙、下册　（二一）交通（二二）邮电（二三）财政[财政及盐政]（二四）经济（二五）租税（二六）商业（二七）农业[农业及矿业]（二八）畜产（二九）蚕桑（三○）染织（三一）制造（三二）理化博物（三三）美术（三四）生理卫生（三五）保育（三六）衣服（三七）饮食（三八）居住（三九）家庭（四○）医药（四一）运动（四二）游戏（四三）音乐[音乐及戏剧]（四四）术数

四、用法　本书总目，只列在上册。每编分为二三大类，譬如第五编教育，则分为教育制度类，教育事业类，宗教类三类。每类再分若干子目。全书总目，共计十八页。所以要找某一类在第几编，也不很容易。上节编制项下，所列的简目，分开上下册，实较原书便利。因为在总目里看见了第二十编，还不知道是上册或是下册，往往要将上册看完了，才去找下册，感着许多不便。全书总目之外，还有细目，印在每编卷首。譬如教育制度类下，分中国学制考，各国学制考等六个子目；而中国学制考之下，更分七个细目。每目之下，载明页数，翻检还算便利。《补编》的用法，也是一样。不过有几门，是我们要注意的。

甲、第五编原名"教育"，现改"教育及宗教"。但是原编本来也有"宗教"一类，不过没有标明罢了。

乙、第九编原名"算术"，现改"数学"。数学的范围，较为扩大。但是《补编》里所补的，不过算术一类。

丙、第二十三编所增的"盐政"，第二十七编的"矿业"，第四十五编的"戏剧"都是原编所缺的。所以我们要找这三类东西，不必

在正编内检查,以免空费时间。

丁、原编是八年六月初版,其后虽印过十三版,但是除删了第二编中"万年历"及"二百六十年阴阳历对照表""阳历每月首日干支表"外,其他并无增加。《补编》是十四年出版的,所以要找民国八年以后的事,应先找《补编》为宜。

戊、至于两书材料上的不同,以补充遗漏的多,将原有材料增改的很少。

《中国年鉴》和《日用百科全书》,内容是差不多相同的,不过一重事实统计,一重学术方法。现将《年鉴》各点,分述如下:

一、书本

甲、书名　《第一回中国年鉴》;

乙、编者　阮湘(主编)李希贤,吴秉钧,余祥森,何松龄,范寿康,唐敬杲,徐寿龄,陈掖神,章大于;

丙、版次　民国十三年二月初版;

丁、出版处　上海商务印书馆;

戊、篇幅　全一册,二一二三页,不分编卷,附表甚多。

二、内容　据序言谓:"各门内容,特措意于字数统计。篇幅逾全书三分之二。而于各种典制沿革,以及凡百近况,加以简要说明,以补统计之不足。"总目分(一)土地人口(二)政治军事(三)财政金融(四)交通水利(五)农工商业(六)教育宗教;另有卷首附表,卷末附录。统计时期,系民国七八年至十一十二年间。

三、编制

甲、编首附表

(一)中华民国十二年阴阳历对照表　有阴阳大小月,朔望,时分,气节,日曜日,对照表,及纪念日,祭祀日一览;

(二)中华民国十三年阴阳历对照表　逐日对照;

(三)最近二百八十年中东西三历合表　以干支为纲,中历自顺治元年始至民国十二年止;东历自正保四年始,至大正十二年

止;西历自一六四四年至一九二三年止;

（四）五千年间星期检查表　自西历元年至五千年止;

（五）中外度量衡币比较表　有本国,法国,英国,日本,俄国五国,以营造尺,库秤制,及万国权度通制为比较标准。

乙、正文

二十年来中国大事记　系自民国纪元前九年,即光绪二十九年起,至民国十一年止;"于辛亥武昌起义以后特详,按日记之,以前仅按月记其大要而已。"附录世界各国统计,不分篇章,但将各表略依正文次序,逐一排列;内容亦不甚相同。例如"世界各国著名大学一览表",载有各校学生数目,而"本国专门以上学校一览",则无。

四、用法　全书二千余页,页数连贯,故较便检查。凡欲找一件事的统计,可先就总目,检明页数。不过总目多至三十页,分类未必尽当,所以查书内有没有这一种统计,检查总目时,颇费时间。

又《日用百科全书》原编所附的"世界大事年表",系由纪元前二六九七年黄帝轩辕氏时始,至一九一九年民国八年止,每年仅记大事数则;而《补编》及《年鉴》所附者,较为详尽——所载年期,统由一九〇三年,光绪二十九年起,《年鉴》载至一九二二年民国十一年,《补编》至一九二三年民国十二年止。

此外尚有许多相同或重复之点，要把原书随时翻阅研究，详为判别，那末到找材料的时候，信手拈来，头头是道。有许多日常应用的智识，在教科书内，永不遇着的，在参考书中，往往有之。倘不知书籍的内容，至临时发生问题，就感觉困难了。譬如忽然接到一封电报，若是家中没有《电报码》，一时告借无门，如何是好？若是平时知道《日用百科全书》第二十二编，邮电门内有"电报新编"的，那就便当了。

参 考

关于《图书集成》的说明，见郑鹤声，《中国文献学概要》181—188 页

问 题

一 何谓类书？类书与辞典有何分别？

二 《日用百科全书》的内容如何？

三 《日用百科全书》，分若干编？大致为何？

四 《日用百科全书》，原编与补编有何分别？

五 《中国年鉴》的内容如何？

六 《中国年鉴》有什么附表附录？

七 《中国年鉴》内的大事记，内容如何？

八 《中国年鉴》与《日用百科全书》有何分别？

实 习

由上列二书中，找以下各问题的答案，以求确知其内容与用法。

一 南满铁路在何处？

二 避暑山庄在什么地方？

三 中国人民，每人平均负担国税若干？

四 北京有几个圕？其藏书若干？

五 "士大夫三日不读书，则义理不交于胸中，对镜觉面目可憎，向人亦语言无味。"是谁说的？

六　什么叫做指令,咨呈?

七　男女家合用之结婚帖,应如何写法?

八　出嫁的堂姊姊死了,该有什么服?

九　中国金矿,以何省出产最多?

一〇　营,团,连,师,排,旅,军,等正当的次序该如何?

一一　民国四年十二月内,我国有什么重要事件?

一二　遇人受电伤,应如何救护法?

一三　上海是何时开为商埠的?

一四　王安石的别号叫什么? 何时生卒? 有几岁?

一五　全国师范学校共有若干所? 师范学生共有若干? 经费若干?

一六　女子参政,各国何时开始?

一七　中国出口之人头发,每年约有若干?

一八　人造丝何人何时发明的?

一九　民国十年间,我国进出口贸易状况若何?

二〇　中国什么地方被日人施行"日本化"教育,其目的何在?

二一　天津益世报馆的通讯处何在?

二二　巴拿马运河长有若干哩?

第十三课　索引用法

在第一课的时候,我们已经知道,图书的结构有一部份叫做"索引"。索引是把书内所述及的一切人名,地名,物名,书名,事项等等,一一摘录出来,依著一定的次序,排列成表。每个名称之下,更注明该件所见的页数,以便检查。这是书籍上最重要的一部份。可惜我国的著作界和出版界,很少注意。因为中国人读书,向来是靠记诵的,一般文人,满腹珠玑,自然用不着检查。而且中国的书,向来是供人阅读的,不是要来作参考用的,也不在乎有索引没有。不过现在的时势不同了,我们不能和从前人一样,把许多时间费在背诵上。即如以本书而论,著者绝对不希望读者能够每章每节都能够背诵记忆的,只要能够将每章内容大意明白便了。不过人类的记忆,是最不可靠的。我们读过了一部书之后,对于各章的大意,虽是偶然还可以记忆清楚。但是对于小节题目,是很难记忆的。日后要翻检起来,就无从下手。所以每书必要有一个索引。即如本书提及"索引"的地方,并不只在这一课以内;若是没有索引,就很难逐一检出了。索引是一种检查表,它的应用范围很广。有图书索引,杂志索引,日报索引种种。其余像书名编为索引的,就叫书目索引;将地名编的,就叫做地名索引。现在分别讨论如下:

一、图书索引　这是指每一本书或一部书所附的索引:

甲、以地位而论,有附在正文之前的,例如《国际条约大全》的

"分类检查表"。但是大多数的书籍,都是附在正文之后的,例如《学校教育指导法》及《索引和索引法》。

乙、以内容而论,有的是包括很广,凡是书内所述及的人名,地名,书名,事物名称等等,都一一编入的;有的只把重要的名称录出的。

丙、以编制而论,有将各种名称汇为总索引的,有将人名,地名,书名等分别编成分索引的。

丁、以卷数而论,凡是二册以上的书,有的每一册上,有分索引;有的只在末一册上,有总索引;有的每册有一分索引,而最后一册更有总索引。

戊、以索引的符号而论,名称之后,有注明卷数,页数的,有只注页数的,有只注节数的,有注明分类号码的,例如杜定友《图书分类法》下编。

己、以索引的格式而论,有横行的,有直行的,有将关于某一类的事物,在书内所见的页数,依次列明的,也有先列重要名称,再及次要的,也有详为分类的。

庚、以排字法而论,有用《汉字排字法》的,有用《汉字形位排检法》的,有用《四角号码法》的,也有分类排列的。

外国书差不多除了小说之外,都有索引的;而中国书却不可多得。现在的出版物中,不过数种而已,如《学校教育指导》,《著书术》,《索引和索引法》,《三民主义注释及索引》,和本书等等。以后出版或可较多。我们用索引的时候,先要知道它的编制内容如何,检查的方法如何,然后入手找寻材料的时候,才不至于费时失望。

二、杂志索引　这是指杂志篇名的索引,附载于每卷杂志之后,或在下一卷第一期之前。将本卷或上一卷所载的论文,篇名,编为索引,以便检查;也有各种不同的编制:

甲、正式的索引,应将所有人名,类名,篇名等各种登录,照圕目录卡一样办法,所以要找该杂志内的某一篇文字的时候,或查著者姓名,或篇名,或类名,都可以找着。这种索引,在中国杂志界内,以前只有《新教育》杂志第四卷内有过。现在只有《圕学季刊》。

乙、杂志总目,就是把每一卷杂志内的篇目,列表登载,分为单行本,附印两种:

(一)单行本　将索引另印一小册的,如《建国月刊第一卷第一期至第二卷第六期索引》及《外交部公报总目录》。

(二)附印本　将索引附印在卷末,或下一卷第一期的,如《东方杂志》,《小说月报》,《统计月报》,《国闻周报》,《妇女杂志》等。

以上各种索引,都是先将各篇,分为数十类,每类之下,将篇名著者及期数或页数注明,但是同类之中,并无一定次序,也有不先分类,而迳将各卷各期,依照原来的次序,在卷末将各期汇登一次的,如《民铎杂志》,《医药学杂志》等。

丙、杂志索引,除将各期篇目,编为总目或索引外,有几种杂志,附记时事的,这虽不是索引,但是对于我们要检查时事的时候,也觉得便利。最普通的,如:《人文月刊》有"民国大事类表",按月分类纪要;《国闻周报》有"一周间国内外大事述评";《东方杂志》有"时事日志",分中国之部,外国之部;《商业杂志》有"中外商业大事记";《教育杂志》有"教育界消要";《中华教育界》有"国内教育大事记述"。

丁、杂志索引,也有兼载其他杂志的论文篇名的,这是属于书目范围,我们在下一课讨论。

三、报纸索引,在国内只有民国十四年《时报》曾出过一种。

所以凡是书籍,杂志,日报,有了索引,我们找材料的时候,不必逐篇逐页去找。譬如以前我们知道,本书内曾提及过"札记"二字,但是现在记不起在哪里了? 我们去翻目次罢,又不知归在哪一章? 即使我们知道这件东西,是在第七课的,却不能知道在哪一页上？幸亏本书每一课不过六七页，所以检查起来，还不甚难。若是有一课几十页的，那岂不费事么？现在有了索引，只要去找"札"字，那末一检即知道在第几页上，不致空劳往返。又如"索引"这个题目，在本课里虽有详细讨论，但是全书内，还有别处提及"索引"的事么？我们要知道这一点，非把全书逐页翻过不可。但是有了索引，只要找个"索"字，就知道一切，那岂不便利么。所以每一本书，都该附印索引，于学者的时间，可以节省许多呢。

至于找杂志论文的，我们在圕内，往往看见阅者要找某种材料的时候，向圕借取几十百本杂志，然后逐一去检寻。不知有许多杂志，每卷都有总目录或索引的。他们的编制，虽然没有正式索引那样完备，但是比较没有总目录的，自然差胜一筹。我们找材料的时候，当要先查索引，然后去找原文。否则一本一本的检去，非但多费时间，而且易于遗漏。又如我们要找几年前或几月前的时事，若是拿旧报纸逐张翻阅，因为不知某年某月某日，所以甚为困难。而且每份报上，夹有许多广告，戏目等等，检查起来更不容易，反而因为看不清楚而致遗漏。若是我们所找的事件是较重要的，我们就可以先去找查杂志上的"时事日志"，或"大事记"；若是关于教育的，去找教育的杂志；关于商业的，去找商业的杂志；而《人文月刊》上，更分为"国民党，国民政府，外交消息，某某之战，世界大事"等等，所以检查起来，更为利便。我们在杂志上，找到了相当的日期，然后可再去找报纸。这虽然是间接的方法，但是时间上往往反而经济呢。所以我们读书的时候，不必把所读的东西，死记在心里；也不可除了教科书以外，简直不知求学的方法。要知将来在社会上服务，所需要的，却不在教科书以内所教过的，而在教科书以外，要知道如何去找材料，以解决目前的问题。所以对于各种求学方法，全在平日留心。在圕的时候，要知道什么书什么杂志有索引，什么书有什么用处？——认识了，到将来应用的时候，信手拈来便得。这也是我们研究圕学的人重要习惯之一。

参　　考

钱亚新,《索引和索引法》第三四五章。

问　　题

一　索引与目次有什么分别?

二　本书的索引和《三民主义的索引》,有什么不同?

三　中国书有索引的,约有哪几种?

四　正式的杂志索引,应如何编制? 哪几种杂志附载时事或大事记的。

五　试述索引的利益与功用。

六　怎样用间接方法,去查报纸上的时事?

实　　习

由教员命题,每人五个题目,在现在的图书杂志索引中,去找材料。找到后,列明书名或编名,著者,所见页数等等,以便对核。

第十四课　书目用法

　　书目学本来是一种专门科学,是专门研究书籍编制和出版,以及各种图书目录的。外国有国家书目,学术书目,营业书目等等;中国有史家书目,藏书家书目,官家书目等等。我们在这里不能详细讨论。现在只就小规模圈,所能置备和应用着的,略分为数种,以便研究[一]。

　　注[一]这里分类的名称,不过就叙述上的便利而言,真正书目学上的名称,不是这样的。

　　一、书本书目　　这是说把书目印成单行本的,有以下各类:

　　甲、书目之书目　　把各种书目名称,汇为总目录的。比如邵瑞彭的《书目长编》,将中国各种书目,分为贮藏,史乘,征存,评论,四大类;每类再分若干节。例如征存类之下,有劝学一节,注曰:"凡指导读书门径者,属之。"内有《经籍目略》,《群书提要》,《书目答问》等等。所以我们要找各类书的书目,可以在邵《目》找出。不过书目之书目,是不列出书名的。例如《群书提要》里面,有些什么书呢? 这是在邵《目》里是找不到的,非要拿《群书提要》那本书来看不可。

　　乙、指导书目　　就是上面举例的"劝学书目"一样,是指导读书的,例如胡适之的《一个最低限度的国学书目》,就是关于国学类的指导书目。有了这种书目,我们研究的时候就便利多了。即如国学一门,范围很广,书籍很多,我们若是想读一些国学的书,应从何入手呢？现在有了这个书目，就不啻给我们一个指南针，可以循着前进。不过这种书目很难编辑。选择精当与否，关系很大。所以采用的时候，先要将该书目审择一下。我国最近出版的指导书目，约有下列几种：

（一）胡适之《一个最低限度的国学书目》，（二）梁启超《国学入门书目及其读法》，（三）梁启超《要籍解题及其读法》，（四）李笠《国学用书撰要》，（五）郑宗海《英美教育书报指南》，（六）官廉等《英美教育近著摘要》，（七）杨贤江《小学教育参考书》，（八）北平政治学会《政治书报指南》，（九）储皖峰《中国文学选读书目提要》，（十）沈恩孚《国文自修书辑要》，（十一）庄泽宣《一个教育书目》，（十二）虚白原编蒲梢修订《一九二九汉译东西洋文学作品编目》。

丙、各科书目　是把某一科的书籍汇为目录，也有兼及杂志论文的。例如梅文鼎的《勿庵历算书目》，商务印书馆的《历代医学书目》，黄立猷的《金石书目》，丁福保的《说文书目》，毛雝的《中国农学书目》，中华圕协会的《国学论文索引》，清华大学的《教育论文索引》等等，都是专论一科的。我们要知道中国有什么农学书，那末一查毛《目》便得。不过杂志论文时有增加，所以单看书本书目是不行的。还有《汇刊书目》是将各种丛书子目编为目录的。我们要知道各丛书的内容，可以检查此目。

二、书目期刊　定期出版的书目，或杂志论文索引等，有以下各类：

甲、月刊　将按月出版的新书，分类编为目录，使阅者知道最近关于某一科某一门，有什么出版，但所著录的，因为编辑上的延误，未必完全是这一个月出版的，不过比较新近的出版物罢了。这种出版物，最初出版的，是上海新书推荐社的《出版月刊》，是民国十八年十二月出版的，内容有（一）分类新书目录，列明分类号码，著译者姓名，书名，价格及出版处；（二）分类杂志目录，列明分类号码,编辑人或编辑社,杂志名称,卷数,期数,价格及发行处;(三)新书推荐;每月由该社推荐书籍三五本,每本附有略评及介绍语;(四)文坛消息,多关于出版界及著述界之简讯。

较近出版的,有华通书局的《中国新书月报》,内容较出版月刊为丰富,每期有(一)论坛;关于书业,出版界,及圕的文章;(二)新书批评;(三)世界名著解题;(四)杂俎;(五)新书分类目录,除著者,书名,册数,价格,及出版处外,每书有简短的提要;(六)最近杂志分类目录;(七)著作界消息;(八)出版界消息;末附该社代理各书局名及其著名之出版物。书内附载各书局广告甚多,参阅极便。最近尚有新书函售社的《书报评论》,内容除论文和出版著作消息外,每期介绍新书七八本,批评四五本,所载的以社会科学书为多。批评持论,极为深刻严正。此外上海现代书局,光华书局,神州国光社,等亦有同样的出版物,名曰《读书月刊》,《读书会月刊》及《读书杂志》等,内容亦相仿,但注重在读书方面,如选书法,读书法,新书介绍等等。

乙、周刊 商务印书馆有《出版周刊》,将该馆每周出版的新书杂志,分类编目;新书之后附有内容提要,并印明分类号码及编目类名;末附本周再版书籍。

三、杂志索引 把各杂志中的论文,篇名,分类编目,以便检查。现在国内出版的,有:

甲、《人文月刊》 将该社所收到的杂志,分为数十类,编为"最近杂志要目索引"每月有千余目,列举篇名,著者,所载杂志名称,发行年月,卷数号数页数。

乙、《统计月报》 内容与《人文月刊》相仿,称为"杂志公报索引",按期摘要,分为农工商业军政外交等二十余门,所引杂志,较《人文》为少,且不载页数。

最近杂志要目索引

（共一千三百四十目）

普通类

图书馆学及书目

题	著者	杂志名	发行年月	卷	号	页
目 录 学						
元杂剧总集曲目表	黎锦熙	图书馆学季刊	20,3.	5,	1,	1.
目录学		"	20,3.	5,	1,	152.
书 目						
违碍书籍单（续）		文献丛编	20,7.	13,		46.
二十年一月教育新刊提要索引		中华教育界	20,8.	19,	2,	131.
民国十六年来之民众教育刊物		教育部公报	20,11.	3,		43－46
工人教育重要著述之撮要	郑一华	教育与民众	20,11.	3,	3,	529.
关于日本教育的论文索引	彭仁山	教育研究	20,12.		32,	81.
增修明代算学书志	李 俨	图书馆学季刊	20,3	5,	1,	109.
美国国家地理学会月刊所载中国地理论文目录		地理杂志	20,11	4,	6,	1.
书评及提要						
海源阁宋元秘本书目		中华图书馆协会会报	20,6.	6,	6,	33.
圕学九国名词对照表		"	20,6.	6,	6,	36.
说苑引得		"	20,6.	6,	6,	34.
白虎通引得		"	20,6.	6,	6,	34.
丛书子目索引		"	20,6.	6,	6,	36.
读史年表附引得		"	20,6.	6,	6,	36.
书物卜装订		"	20,6.	6,	6,	34.

丙、《中华教育界》 将各杂志关于教育的论文,编为索引,分为二十余类,于检查上,极为便利,名曰"教育新刊提要索引"。

有了这种杂志索引,那末我们要搜集材料,或检查某篇论文的时候,只要在杂志索引一查便得,不必在每本杂志上逐一翻检,实为研究学术的一种重要工具。若是没有索引,那末我们所藏的旧杂志,必定有许多因检查不便而失其效用的。可惜杂志索引,在国内也是草创;一切编制,未臻完善,尚待扩充改良。

四、新书介绍 我们要知道国内新出些什么书,除了第二节所述的《新书月报》,《出版月刊》外,其余的杂志,也有很多附载新书的。例如:

甲、《人文月刊》每月载有"新出图书汇报";

乙、《中华教育界》每月有"教育新刊提要";

丙、此外如《教育杂志》,《东方杂志》,《学艺杂志》,《民铎杂志》,《新东方杂志》,《建国月刊》,《圕学季刊》,《中华圕协会会报》等等,常有新书出版介绍和书评等栏。

五、书目论文 各杂志中,常有关于书目的讨论或介绍,于参考上,读书上,也很重要。所以我们看杂志的时候,除了读文章外,还要留心书目学上的材料。有一种是只列书目,或加以简短的提要的;有一种是有长篇论文的,现在举几个例,如下:

甲、书目

(一)裘仲曼:《中国算学书目》,见《清华学报》三卷一期;

(二)吴宓:《西洋文学精要书目》,见《学衡杂志》六期一——十页;

(三)吴俊升:《法国定期教育刊物之介绍》,见《教育杂志》二十二卷九期;

(四)马叙伦:《清人所著说文之部书目初编草稿》,见《国学季刊》一卷一〇三——二八页;

(五)《关于国文教学之论文选目》,见《新教育》十卷四六九—四七五页。

乙、论文

（一）钱基博：《古书治要之教材举例》，见《新教育》十卷四〇七—四一八页；

（二）张东荪：《初学哲学之一参考》，见《东方杂志》二十三卷一号；

（三）谢冠生：《历代刑法书存亡考》，见《东方杂志》二十三卷三号；

（四）汪桂荣：《中等学生算学参考资料》，见《新教育》十卷三一九—三二七页；

（五）贺麟：《严复的翻译》，见《东方杂志》二十二卷二十一号。

六、附刻书目　有许多书正文后，附有参考书目的，例如本书之后，有"普通参考书目，圕学参考书目"；《学校教育指导法》一书，附有"教育指导法参考用书"；中西文共五十余种及"教育测验参考书目"共一百余种。因为无论哪一本书，总不能将所讲的学科，完全叙述详尽，所以必附有参考书目，以便读者再进一步的研究；也有时将引用书目列明，使阅者可以知道引用各文的来源，及进而参看原文。我们读书的时候，要留心这种书目，以便研究。

七、自编书目　除以上各种书目之外，我们对于某一科的书籍，有研究兴味的，或日后于学习上要参考的，可以随时将书名，著者，出版处等等抄录下来，自己编为书目，以供参考；或请教员或圕主任代为指定也可。这种书目要随时编辑，将来于研究上，很有关系。

参　考

旧书书目的讨论见杜定友《校雠新义》卷八。

问　题

一　书目有什么用处？

二　书本书目有几种？各种如何用法？

三　现有几种书目月刊？内容编制如何？

四　什么叫杂志索引？现有几种？

五　在各种杂志内，试找二篇书目论文，将篇名页数注出。

六　在各种书内，试找二种附有书目的，将该书书名，及所附书目页数注出。

七　试在杂志索引内，找出最近关于圕学的论文，将篇名著者及所见之杂志名称注明。

八　试找几本最近出版的教育书籍。

实　习

每人认定一个科目，在各种书目之中，去找相当的图书，杂志，和论文，注明著者，书名或篇名，出版处，出版期；若是在杂志的论文，应注明出处。此种材料，应留待日后参考。

第十五课　圕组织法

　　无论怎样小规模的学校,多少总有一点公用的书籍,和报纸杂志;至少几部字典,辞典,和教授参考书,是不能免的。后来日积月累,就有整理和组织的必要。不过从前的学校,以为圕是供员生课余浏览的,所以一切组织,非常简单,只要有几个书架,派一个书记,或由学生数人,担任出纳整理便了。分类编目,也不是必要的,因为书籍有限,而且是随意翻阅的,所以不必详细编目。可是现代的教育与从前完全不同,学校圕在教授上,占了重要的地位;有许多课程,要在圕内上课的。一切教授注重在参考研究,而不单在乎教科书的熟习,所以课余浏览,反为圕事业的一小部份;而主要目的,在乎供给教授材料。现在的学校圕,实有组织的必要。不过以一般圕的情形而论,对于组织法上,仍是很简单的。因为书籍不多,馆员人数有限,也讲不到什么分科办事。尝见有小圕,馆员不过二三人,也要官样文章的分什么科什么股,真可谓"小题大做"。其实在小圕组织法之中,我们要注意的,是圕馆长馆员的人选,图书委员会的组织,和经费的筹划与支配罢了。

　　一、人选问题　无论怎样小规模的圕,必要有主管的人,或称馆长,或称主任。大约学生人数在二百人以上的,应有专任馆长一人;二百人以下的,该馆长得兼任教课,或其他校务,但至少每天要有三小时以上在馆内工作。至于馆员人数,也依规模大小而定:大约二百人以上的,至少有专任书记一人;二百人以下的,也应有专

任书记一人,常川驻馆,但得兼理其他事务。关于资格和职责二方面,分述如下:

甲、馆长的资格　馆长以曾受圕学专门训练的为最低限度,门外汉是绝对不行的;最好是师范毕业生,而曾选读图书管理学课程,兼有实习经验的,方为合格。因为圕的一切办法,都属于专门范围。若是馆长不得人,那末圕的办理,就永没有希望了。至于馆员人选,在小圕内,却没有什么限定的资格。不过要对于圕事业,能够努力,而有研究的兴趣。除馆员之外,也有请学生帮忙的,不过只能担任借书还书及抄缮排书的工作;若是全馆事务,由学生担任,这是绝对不行的。而且学生目的在乎求学,要他们担任繁重的工作,也不应该。

乙、馆长的职责　在主理圕一切馆务,举凡选购,分类,编目,辅助参考,指导阅览,均须亲自担任。馆长最重要的责任,不在机械方面、物质方面,把书籍整理,分类编目而已,须在精神上,使圕与教授有密切的联络;对学生学业上,智识上,有切实的贡献。即使书籍很少,编目告竣,若馆长能每天在阅览室内与阅者周旋,以补助学生的研究,引起他们读书的兴味,培养他们的道德观念,和公共习惯,也是很重要的。至于馆员的工作,则由馆长随时支配,能够用最少的经济,最短的时间,做最有效的工作就行,不必有什么特别的规定。大约在二百人上下的学校,二三千本书籍的圕,若是教授上有充分的联络,与学生能充分的利用圕,则馆长一人,馆员一二人,能切实办去,已经忙不了了。

二、图书委员会　圕是学校活动的中心点,与教务事务各方面,都有密切的关系,所以往往有图书委员会的组织,以求集思广益。不过这种组织,完全是立法和咨询关系,与圕的行政是判然有别的。因为圕既有专门人员负责,那末一切行政管理,应有充分的自由。如圕内的布置,设计,分类,编目,参考,出纳等等手续和办法,委员会都不应加以任何干涉或限制。这一点,是要十分认清的。

甲、委员　圕委员会的委员,由校内教职员,热心于圕事业者充任,最好各方面都有人代表,学生团体也可以有代表出席。各委员或由校长聘请,或由各方推举。因为这种组织的目的,在谋全校员生的福利,并没有什么特别的权利和荣誉。

乙、会期　每学期开会一二次。委员会主席由委员互选,书记由圕馆长兼任。

丙、职务　委员会办理以下各项:

(一)订定各项规则　凡一切对外规章,因为与各方面都有关系,所以要经委员会的审议订定。例如借书规则,阅览规则,开放时间,或各方寄存书籍,保管规则等等,经委员会的通过,任何人不能随意修改。至于馆内办事细则,馆员工作之分配,轮流值日的办法等等,可由馆长订定。

(二)审查预决算　圕每年应有预算决算,由馆长拟定或报告,经委员会审查,呈请校长核准,以期经济公开,共谋圕经费上的增加,馆务的扩充和改善。

(三)订定各科购书标准和分配　圕的书籍,宜力求适合教授上的需求。每科购书费若干,应由委员会先行议定,以免过与不及之弊。至于购书标准,很难订定。最好每年或学期开始之前,将应用书籍,列单付委员会审查。至于临时应用书籍,但求不溢出预算,则由馆长随时购置。

(四)筹议兴革事项　圕遇有较重大的事务,如改建馆舍,增加大宗书籍,或设备,举行募捐,或变更组织等等,得随时由委员会核议。

丁、报告　圕馆长每年应将馆务办理经过情形,及各项阅览,出纳,书籍,经费,统计等等,用书面报告于委员会,汇同委员各项议决案,及经办事项,呈报校长核阅。

三、经费问题　现在一般学校,都感着经费困难的时候,圕的经费,当然不能够十分充裕。不过,圕是学校内必需设立的机关,不是可有可无的。有一位教育家说得好,他说:一个学校,因为经济困难,可以不用课堂,却不可不有圕。因为没有课堂,学生可以露天上课;就在圕内也可以上课。若是没有圕,那末学生除教科书外,别无一些参考;他们的得益,也就有限极了。所以学校经费无论如何困难,而圕的经费是必须筹募的。至于数目多少,可因各校情形而定,这里只能列一二种最低限度的标准,以便筹划。

甲、圕应有独立的预算。其内容包括购书费,薪金和办公费三大项。但为办事上的便利起见,薪金和办公费得由学校总预算各项下开支;而购书费是无论如何必须独立的。所谓独立预算,就是指定数目之后,按月必照数支付,并不得挪作别用。

乙、开办经费预算的支配,约以六成购书,三成购各项设备,家伙用具;一成购办公用品,如目录卡片,各项印件等。

丙、经常费预算,约以五成作薪水,四成作购书费,一成作办公费。

丁、购书费以学生人数为标准。小学每年每学生,至少一元;中学每年每学生,至少一元五角;教员每年每人,至少五元。

戊、购书费中,约以百分之十五,充购订杂志日报,及装订费用。

己、圕经费除由学校预算项下支付外,得由政府特别资助,或向外界募捐。但此种特别收入,应用于购书或设备上。

参　考

洪有丰《圕组织与管理》第五六七章。

问　题

一　为什么小圕的组织,不必分科分股办事?

二　馆长以何种资格为宜? 为什么要有一定的资格? 他和馆员的职务

如何分配?

三　为什么要有图书委员会的组织?有什么职责?

四　如何订定购书标准和分配?

五　什么叫做独立预算?

六　开办费和经常费应怎样分配?

七　购书费每年每人平均若干?

实　　习

就本馆现在情形,对于组织上,经费上,试拟具较完善的计划,和预算书。

第十六课　圕设备法

圕的设备,包括布置与用具两方面。在小规模圕方面,本来谈不到什么建筑问题。在小学校内一个独立的圕建筑物,也不是必需的,只要有一所适中地方的房屋,教员学生能够往来便利就行。馆内光线须直达阅书桌面;四壁宜多开窗户,平均窗口应占墙面四分之一。室内四周,要安放书架。借书处目录等件,则放在入门附近的地方。全馆布置,力求精雅简朴。阅书室的大小面积和座位,至少须能同时容学生总数十分之一——每人所占面积,约二十五方尺。圕附近最好有一个课室和一个办公室,以便上课演讲及庋藏未编或杂项书籍。至于电灯窗帘的装置,桌椅的安放,都要美观而合实用。各馆有各馆的情形,很难拟定什么方法与标准。现在附印圕布置图一幅,以见一般(图九)。这是中学圕的布置:目录箱和布告牌,放在大门的两旁,以便学生进门时即可见到;借书处设在中央,以便照料;后面还有一张办公桌,和书架,字典架,地图架等;杂志和报纸,则分列两处;因为看的人数较多;这种布置,极为简单。同时可以容阅者一百〇八人。只要一个馆员,就可以照料全部。

用具方面

一、借书柜　有一字式和凹字式两种。高低与平常的办公桌一样,约三呎。但是抽屉较为高深,可以安放借书用的各种卡片;下面并有格板,以便安放已还的书或待借的书(图十、十一)。

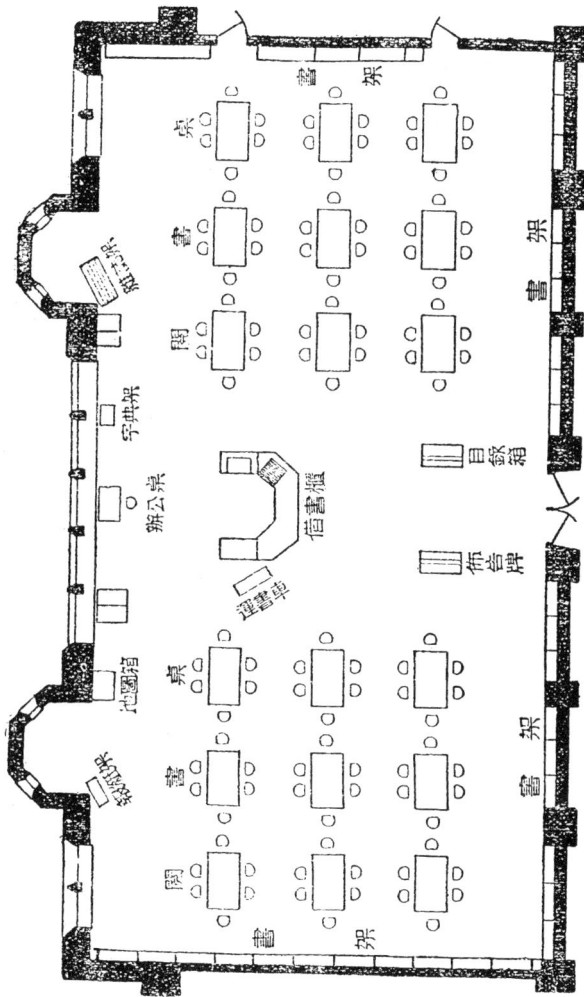

图九 美国 Reading Pa 中学图书馆平面图

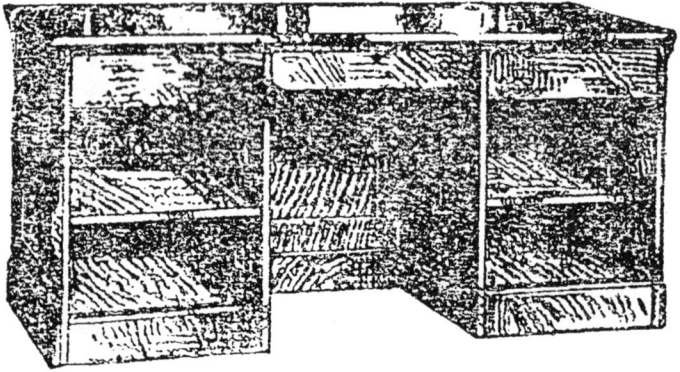

图十　一字式借书柜

二、书架　单面书架深约八吋至十二吋,是靠壁摆的。双面书架,深约十八吋至二十二吋,是摆在室中,两面可以放书。每架阔三呎,高六呎十吋,分六七格。每格可以升降,因书本的大小而定。儿童用的书架,顶上两架,可以改装板门。门上裱贴图画,里面放些贵重,不需用,或不常用的书籍。若是不装板门,则改为五呎高,

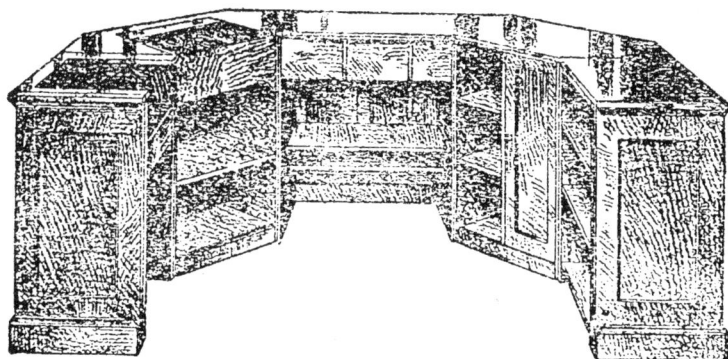

图十一　凹形借书柜

亦无不可。书架可以两只相连,以节省材料。但木料要坚牢,四周无凸出的花纹,以便互相毗连。单书面架,每架可装西文书约二百本,中文书竖立的,约六百本。所以馆内需要书架若干可以预算(图十二)。

三、杂志架

有二种,第一种与普通书架一样,不过格板稍为倾斜,加一边

图十二 单面书架

栏,以免杂志漏出。第二种,是用杂志夹的,将杂志夹在讲义夹内,插在架上,取阅也很便利。下面一张图,是由几种书架合组成的(图十三)。

图十三　合组书架

甲、报纸架　中间可以放报纸。上面下面,还有两格是书架,可以放参考书。

乙、杂志架　上面顶格,放杂志索引;中层,放夹好的新出杂志;下层,放旧杂志。

丙、杂志架　上面有布告牌;下面可以放杂志。

丁、书架　有门的,可以放贵重书籍。

四、阅书桌　照圖用具标准,普通的阅书桌,是阔三呎,长五呎;中学用的,高三十二吋;小学用的,高二十六吋;幼童用的,高二十二吋;每桌同时能容六人(图十四)。

五、阅书椅　普通用靠背椅,分三种尺寸(图十五):

甲、幼童用　高十四吋

乙、小学用　高十六吋

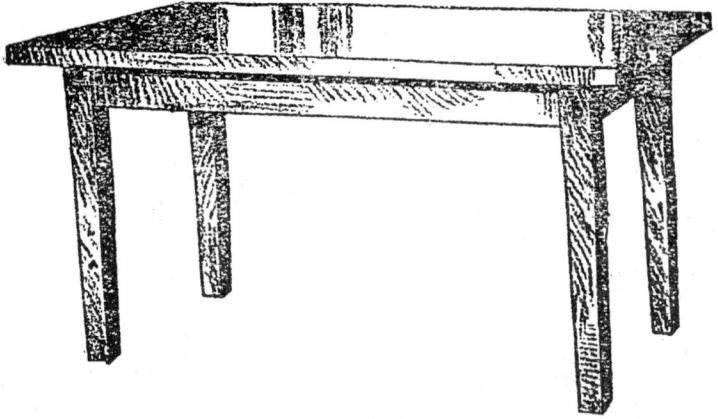

图十四　阅书桌

图十五　阅书椅

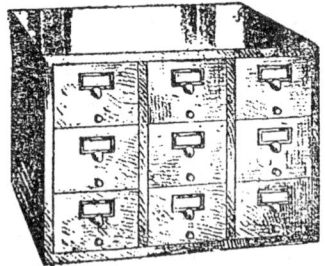

图十六　目录箱

丙、中学用　高十八吋

六、目录箱　用小抽屉拼成。每个抽屉,内阔五吋又四分之一,高三吋半,边高二吋又四分之一,长十五吋;约藏卡片一千张。需用多少抽屉,视书籍和目录卡多少而定(图十六)。

七、其他用具　告白牌,地图箱,字典架,信箱,新书展览架,图画架,盥洗处,帽伞架等等,与普通学校所用的,大致相同。

问　　题

一　圈的面积,每人应占若干方尺?

二　借书处应在什么地方?

三　书架有几种?双面书架,每架能藏书若干?

四　杂志架应如何装法?

五　阅书椅桌有什么标准尺寸?

六　目录箱,每抽屉藏卡片若干?

实　　习

试将本馆绘一平面图,表明书架椅桌各项位置;并设法改良其布置,或就原有地位,另绘理想的圈布置图,以求适合现在的需要。

第十七课　图书的选择

办理现代圕的人，第一要打破"多多益善"的迷信；尤其是在中国现在经济困难的时候，我们买一本书要有一本书的用处。我们的口号，是：以适当的图书，在适当的时候，供给适当的读者。圕对于阅者，是居于指导和辅助的地位；而且现代的圕管理，手续非常繁琐，维持及办公的用费也很多。若是费了很多力量，去购买书籍；整理后，即束诸高阁，不应实用；岂不是很不经济吗？况且现在的出版物，汗牛充栋，优劣不同，尤不可不慎为选择。选择的时候，我们要注意教授上的应用，儿童的需要，和各科的分配。

一、教授上的应用　学校圕的图书杂志，大部份要适应教授上的需用。这里，教员们对于圕图书的选择，应负一部份的责任。每学期上课之前几个月，就该留心下学期所教授的课程，应用什么参考书。所谓需用的参考书，不单是以每科为单位，而应以每课为单位。凡是每一课所讨论的题目，应有什么参考书，都要逐一详细计划。要知现在的教授法，并不以念完一本教科书为目的，而在乎每一学期内，应该研究若干事物或论题。各个论题的内容，当然不只限于一本教科书内所论列的。即以本书而论，书末也附有圕学参考书，但是这不过以全体而论，其余每课内所述及的，还有很多，所以教员们要逐课看过。除每课所提及的以外，还要设法补充，随时增加新材料。所以教员每教授一门科目，应该事前详细考虑，慎为选择，置备适当的图书，以免临渴掘井。同时要注意到学生的人数,时间的分配;若是人数多,时间短,还要多购副本,以便分配。

二、儿童心理的需要　小学生到七八岁的时候,对于身体的活动,已经有多少控制力,于是对于精神的控制,也日渐发达——一切意志,想像和兴趣,都渐渐地归于有组织的,固定的和受控制的状态;对于事物,也很能够分辨实际与意像,目的与方法,而且注意事物的原因和结果,渐有推理和研究的趋向。但是这时候的推理,还带有武断和不联络的色彩。所以圕的书籍,一方面要具有问题的格式,以引起他们推理的兴趣,和培养他们的研究心;一方面要给以具体的事物,使他们接触,而增加实地的经验。这时候,儿童的各种本能,都已发达。诸如搜集性,好奇性,社交性等等,都趋于固定的方向;很注意有定的和有兴趣的收集;对于同学,也能发生友谊的感情,好群结党。但是另一方面,他们所做的事,还是自我的,常常有自私自利的行为,所以有崇拜英雄,鹤立鸡群的心理。名人传武侠小说等书,和离奇的故事,都是他们所欢喜的。但是他们的意志,还没有坚定,无所谓志向和意愿;对于人群和世界的责任,也还未了解。所以他们爱读名人传记的意志,和青年时期的读者不同。这时候,儿童的符号观念也渐发达,颇能明白因果征像,和实像的意味。我们很可以由具体的,实际的东西,引导他们到抽象的,理解的方面去。我们要留意他们注意力的操习,记忆力的训练和推理的习惯。所用的书,程度要一天天的提高,范围也一天天的扩大。到了高级小学,学生都要能自动阅览,不必受人指挥。白话和浅近的文言,都能了解;图画的意义和艺术,也能欣赏;读物的优劣,也很能辨别;所以圕长和教员的责任,就在供给适当的读物[一]。中学生是在青年时代,他们心身的控制力,已经完全,他们的眼光知识,也很广大;社交性,男女性,最为发达;自尊心,反抗心,都有不可以理性和道德制止之势;好怀疑,好推论,凡一事一物,都要穷其究竟;固执己见,好管他人之是非;人己的关系,已大明了;不像小学生的拘束和依赖,有"天下兴亡,匹夫有责"之概。

这时候的特征：第一、就是知道我之为我；第二、就是社交性的发达，知我与世界的关系和责任。所以喜欢读英雄传记，战争，外交等书；对于英雄的模仿，起于不知不觉之间；对待朋友，拜盟结党，都有特别的兴趣。但因为反抗心很重，很容易肇事，所以要用正当的结合，如童子军，青年会，演说辩论等书，以利导之。这时候两性的观念渐发达，蹈入较新的人生生活，好谈男女问题，恋爱问题，婚姻问题。若是不拿正当的书籍利导他们，最为危险。但是学校方面，都没有这种科目，所以不得不赖圕的供给了。除此切身问题之外，又好研究精神的生活和哲学，人生，宇宙等问题。对于科学文化，也很注意，所以要多备这种书籍，以应需求。至于职业问题，在这个时候，也很重要，因为青年心志不定，对于终身职业，不知何去何从，所以要多备关于职业的书，使他们可以从各方面，观察各种职业的利害。先有研究，然后有判断。所以圕当供给此项书籍，并且居指导的地位[二]。

注[一][二]参见杜定友《学校圕学》第三六—三九页。

三、各科的分配　　学校圕的图书数目，约以学生每人平均十种为度，不过这是指实用的书而言。若是不论内容，只讲数目，那末这种标准，是很容易达到的。所谓实用的书，是确能适合教授上的应用，和儿童心理的需求。若是实用的时间已过，或者已经破坏和过时的书，而另有较新的出版物的；都应随时取消，随时更调。若是一本书在一年之内，永没有人过问的，就可在取消之列。所以随时要慎重选择，随时改进，使书架上的图书，都是有用的图书。一方面，并要顾到各科分配的均衡，以求完备。至于每科书籍应该占全体若干，很难固定。现在假定标准如下：

科　　目	小学校		中学校	
	百分比	假定一千本	百分比	假定二千本
1. 普通参考书	6	60	10	200
2. 杂志报纸	2	20	5	100
3. 哲学,心理,论理等	1	10	2	40
4. 伦理,教育,宗教等	7	70	5	100
5. 社会科学	5	50	5	100
6. 美术,音乐等	10	100	5	100
7. 体育,游戏等	10	100	5	100
8. 自然科学	3	30	10	200
9. 应用科学	3	30	10	200
10. 语言文字等	2	20	3	60
11. 文学类	2	20	8	160
12. 童话,童画	20	200		
13. 小说,故事	10	100	10	200
14. 其他儿童文学	4	40		
15. 历史	4	40	10	200
16. 传记	10	100	10	200
17. 杂类	1	10	2	40
总计	100	1000	100	2000

圕所谓取消,有各种不同的意义:

甲、不常用的图书,但其固有的价值并未消失的,可以分别庋藏,以便万一需用时还可以检取。这种书籍,在目录上,可以用特别的符号注明。

乙、学生不适用而教员适用的,也该另外庋藏,不必与学生用书相混。要知圕的目的,在指导读者,所以应把适当的图书,贡献给学生之前,因此不适合他们所看的书,当然不必放在架上。

丙、本馆不适用,而别馆适用的,可以互相交换,或者可以转售他馆,而另购较适用的书。若是附近有较大的圕,而对于较艰深和偶然需用的书,可以设法告借,就不必自购。

丁、凡绝不适用,无交换转售价值的,均得销毁或作旧纸料出售。

参　　考

杜定友《图书选择法》第七章。

问　　题

一　怎样使圕的图书,适合教授上的应用?

二　校内各科,以哪一科用参考书最多?试列最近一个月内,所阅的参考书,书名和种数。

三　小学学生应看哪一类的书?

四　中学学生应看哪一类的书?

五　"学生每人平均应有书十种",有什么范围?

六　圕学上所谓取消的图书,有哪几种意义?

实　　习

每人拟定一种科目,试就本校的需要,选择书籍十余种。

第十八课　图书购订法

圕图书的来源,有四种方法,现在分别讨论如下:

一、征求　圕要搜集图书,第一步手续,是向外征求。征求的手续,或由函索,或由圕主任,亲自到出版的地方索取。但是无论用哪种方法,必当出自郑重。

甲、征求应有一定的目的,切忌抱"多多益善"的宗旨。因为小学圕,有特殊的目的和需要,外间的出版物,未必尽能适合我们的需用。若是征求来的出版物,置而不用,非但辜负赠送人的苦心,管理上也极为不经济;而且无目的的征求,往往令人讨厌,反而置之不理。所以征求之前,应该知道他们有什么出版物,该出版物是否我们所需要的。征求到之后,自应郑重处理,切实运用。

乙、用信征求的,不宜用油印或印刷品。因为这种照例的通函,不能令人注意。即使别人有好的东西,也不愿意给我们。去信的格式,要简单明了。用不着什么客套,和长篇大论,纵述古今中外藏书之盛,或搜求之急等等。因为这种千篇一律的文章,实在看得多了;而且看了一大篇,到末后几句,才知是征求图书,于读者的时间,太不经济,反而伤了好感。至于书法尤忌潦草,示人不敬。

丙、征求各圕的规章表格等等,也是最无谓的事。因为圕已是专门的学问,一切管理方法,也有相当的标准。若是我们于事实上有什么困难,应该彼此切实商榷或请教,不必拢统地要人家所有的规章表格;而且各种表格,重在实用,所以单有表格,而不知用法,也是没有用的。还有一层,我们征求规章表格的目的,原在改进本馆的办法,那末应向一二个成绩优良的圕去参观,研究,或求教于圕专家,才是道理。若是不问实际情形,无论哪一个圕的表格规章,统统收来,有时不免蹈人覆辙,反为不美呢。

丁、小学圕经济人才,两皆缺乏。所以对于征求的事,尤宜审慎,因为无谓的征求,直等于浪费。一般人以为征求可以节省经费,这完全是对于小学圕的目的,毫不明了;小学圕的管理,毫无经验的缘故。

二、购订　圕购书可分为下列三种;其中以普通购书,手续较繁。

甲、普通购书　这是大帮的购入,每年不过一二次;约在每学期开学前两三个月举行,以便书籍到后,可以从容整理,供开学时应用。购订的手续如下:

(一)由圕制备图书介绍卡(图十七,十八)分发各教职员,请将应添购的书,每书填写一卡。

(二)定期将各卡收齐,依著者姓氏排列,逐一点查。看圕内,是否已有该书。

(三)如该书已经购备,则在备注栏内,注明书码,通知原介绍人。

(四)将拟购的介绍卡,逐一查核所填各项是否完全。如有不完全的,应检查各书坊目录;最要是注明价格。若是找不到实价,应估计约价,以便核算。

(五)将各卡交付图书委员会审查。

(六)审查的时候,先将各卡分科统计,以求预算相符。如有超过预算,则分别缓急,将暂缓的或不宜购订的卡片取出。

(七)凡不宜购订的介绍卡,应注明原因,退回原介绍人。

登记⸺⸺⸺⸺⸺ ACC. NO.	左 边 请 勿 填 写 Please Don't Write at the Left	著者⸺⸺⸺⸺⸺⸺⸺⸺⸺⸺ AUTHOR (SURNAME FIRST)	
购订⸺⸺⸺⸺⸺ ORDER NO.		书名⸺⸺⸺⸺⸺⸺⸺⸺⸺⸺ TITLE	
定期⸺⸺⸺⸺⸺ ORDERED		⸺⸺⸺⸺⸺⸺⸺⸺⸺⸺⸺	
到期⸺⸺⸺⸺⸺ RECD.		版次⸺⸺⸺发行所⸺⸺⸺⸺⸺ EDITION　　PUBLISHER	
实价⸺⸺⸺⸺⸺ COST.		版期⸺⸺⸺册数⸺⸺⸺部数⸺⸺⸺定价 DATE　　VOLS　　COPIES　　PRICE	
页数⸺⸺⸺⸺⸺ PAGES		备注⸺⸺⸺⸺⸺⸺⸺⸺⸺⸺ REMARKS	
赠存⸺⸺⸺⸺⸺ DONER		RECOMMENDED BY	
签认⸺⸺⸺⸺⸺ APPROVED		院 ⸺⸺⸺⸺⸺⸺科⸺⸺⸺⸺⸺介　绍 系	
备注⸺⸺⸺⸺⸺ REMARKS			

图十七　图书介绍卡(正面)

交通大学图书馆购订及登记卡
C. T. U. L. ORDER AND ACCESSION CARD
填　写　方　法

1. 请缮写清楚,字句完全,以免误会。

2. 每书请用一片。

3. 版次之后,请写明该书系第几版。

4. 不甚著名之发行所,请并填详细地址。

5. 册数后写明该书每部有几册,部数之后写明该书应购几部。

6. 该书之需要,购订之特别原因。即须从速购办否,书到后须通知原介绍
人否,合请注明于备注栏。

图十八　图书介绍卡(反面)

（八）凡已经通过的介绍卡，由委员会主席于签认栏盖章或签字。

（九）将各卡片，照出版家分别排列，缮具定书单。

（一〇）定书单应缮具三份：一份存馆，一份发出，一份送存会计处。

（一一）定单应有一定格式，注明下列各项：

（甲）定书单号数　由这个号数，可以知道图一共定了几次书，每次什么书；将来付账对书，都有根据。

（乙）注明著者，书名，版次，装订及每书需购几部。

（丙）注明付帐手续，付款日期，或记帐，或付现。

（丁）定书日期，及定书人签字，图盖章。

（戊）出版处名称地址。

（一二）缮定单时，同时在介绍卡上，注明定书单号数和购订日期。

（一三）所有定单发出后，将各介绍卡和以前购订未到之卡片混合起来，依照著者姓名排列，以便检查下列各项：

（甲）该书已否购订，及何时购订。

（乙）书到后，检出该卡，另为排列，可以知道哪些已到，哪些未到。

（一四）书籍收到后，先照发票核对，是否无讹？

（一五）照著者姓氏，检出介绍卡，填上收到日期，实价等项。

（一六）根据介绍卡的定单号数，检出定单，逐一签收。

（一七）书籍如有缺少的，应在原定单和介绍卡上，分别注明；如有未到的，就通知原介绍人。

（一八）书籍有损污或缺页者，应即退回。

（一九）在发票上签收，盖章，送会计处付账。

（二〇）在每书最后一页，注明收到日期，该书实价，及签收人姓名。

（二一）将书籍送出登记。

以上普通购订手续虽是麻烦,但是各项记载,极为明确,无重复错误之弊。

乙、临时购订　圕书籍,有许多是临时急需的,不能经过种种例行手续,以免于教授上有所稽误。不过这种临时购订,并未经审查手续,所以限制稍严,以免超出预算。故每月临时购书费,应由图书委员会规定数目。若超出此数,则仍须照普通手续办理。临时购订的手续如下:

（一）缮具定单草稿,将已有者,已购订者删去。

（二）正式缮具定单发出。

（三）书到后,在原定单存根上,签收;并照上列甲（一四）（一八）—（二一）办理。

丙、预约购订　是先与出版人约定,凡有某项新书出版,不必由圕去函购订,径由该出版人送馆审阅。合用者,留馆付账;不合用者,退回。此法最为简便,但于预算上,或感困难,所以只能指定某种科目,于预算上不致超出的,方行预约。或与出版人约定,年终结账,则一年之中,尚有伸缩之余地。现在小学应用的书,每月出版不多,若经费稍有把握,实应利用预约方法,以求简捷。

三、交换　圕的书报,一部份是由交换而来的。交换的手续,也分二种:

甲、约定交换　这是预先与人约定,交换某种出版物,按期交换。除了定期刊物之外,即本校章程,概况,报告及其他出版物,也可作为交换物品。每交换人应有交换品登记卡一张（图十九）注明。

（一）交换机关名称地址。

（二）交换品名称,每次发书交换品应注明该件名称,期数,及发出日期,以防遗漏。交换品登记卡,应照交换人名称排列,以便检取。

交通大学○							
上海海格路							
交大三日刊,交大季刊							
201115	月2						
201115	月3						
				○			

图十九　交换品登记卡

乙、临时交换　这是没有预先约定的,不过寄来的出版物上,声明"请交换"字样,我们可以斟酌交换,不必用登记卡。但是该项出版物常常继续"请交换"的,那末虽是没有预约,也变为预约的了,应照上列办法办理。

四、自备图书　这并不是购订手续,不过也是圕图书来源之一,分以下三种:

甲、本校出版物　这是用不着购订的。不过有许多机关,各部不甚联络,往往本部有什么出版物,外间已寄出,而圕尚没有收到。所以应随时留心,而且每次要多索数份,以便分别保存,或分送出外。

乙、油印抄件　本校各种油印规章,会议录,通告等等,于学校历史上,颇有价值,而且将来有参考之必要;所以要随时搜罗,汇钉成册。

丙、各种裁剪裱贴　凡各报各杂志剪裁下来的文字,图画和小册子,单页,散片等等,对于将来有参考价值的,都要汇钉起来,以便应用。

丁、此外图画,照片,幻灯片,唱片等,对教育上有用的,都应随时搜罗。

以上所说的,大半是图书购订的方法。至于杂志的购订,也分为二种:

一、全订 凡是较有价值,及定期出版,不至中断的杂志,均应全年订阅。在选择的时候,应分别为二种:一种是永久订阅的,一种是逐年订阅的。凡属永久订阅的,可以同时订阅二年或二年以上,以省手续;且可酌减订费。购订的手续:

甲、先查明已有期数,订定起讫。

乙、缮具定单。

丙、在杂志登记卡的反面(图二十),注明:

年	购订机关	起			讫			备注
		月	日	期数	月	日	期数	
创刊年月	刊期	每年卷数		杂志名页		定价		
停刊年月	册数	每卷期始		目次索引		实价		

图二十 杂志登记卡(一)

(一)订期和起讫;

(二)向何处购订,价格,邮费;

(三)备注栏内,注明已否付款,和发票号数。

丁、日报,季刊,年刊,及不定期的继续刊物,都照普通杂志办法。

戊、杂志最好能直接向出版处购订,日报最好向当地代理人购订,方才不易遗漏。即使遇有遗漏,也容易补发。

二、零购　国内杂志,出版往往延期,又时虑中断;所以对于这种杂志,不必全年购订,只要逐期零购,付价虽是比全年订费多些,但是结果可以避免许多"逃账"。因为有许多出版人,新出一种杂志,出了一二期,就停版了,所付的全年订费,却不发还。故选购的时候,不可不慎。每年十一月间,就要决定下年度应订的杂志日报,分为全订与零购两种。应全订的杂志,要有下列诸条件:

甲、有固定的出版机关,资本充足,办事信实者。

乙、有固定的编辑人,在学术上,社会上,有相当信誉者。

丙、以前的出版物,并没有无故中断的。

丁、本杂志已经有半年以上的历史,而且能按期出版的。

其余的杂志都应零购。零购的手续,较为麻烦。管理员应随时留心,有什么出版,立即购置。最好就近托一家书坊代理,可以省去许多手续与时间。并且可以每月结账一次,更为便利。不过代理人也往往要稽迟延误,管理员不可不十分注意。

参　考

洪有丰《圕组织与管理》第九章第76—85页。

问　题

一　圕的图书有几种来源?

二　为什么征求书籍要有一定的目的?

三　为什么因为经济人才缺乏,反不宜多事征求图书?

四　普通购书为什么要用介绍卡?

五　定书单要有几份? 何故?

六　何谓临时购订和预约购订,购订的方法怎样?

七　试述交换品登记卡的用法?

八　自备图书有几种?

实　习

圕于购书时,由学生分组实习各种手续,或由学生每人介绍书籍十余种,照填介绍卡,定书单等等。

第十九课　图书登记法

收受圕图书之后,就要盖章登记。

一、盖章　圕内所有各种图书,杂志,报纸,都应加盖圕的图章,以示所有权。至于所用的图章,不必限定哪一种,无论石章,橡皮章或钢印均可。但以不至遮盖书页上的文字为原则。盖章要有一定的地方,以便识别。且检查起来,可免多方翻阅。各书应在下列各处盖章:

甲、在封面和书名页上的中下部;

乙、在正文第一页,和最后一页的角上,或脚下;

丙、在指定的一页上。各圕可以指定一页盖章。譬如指定25页,那末凡25　125　225　325 等页,均须盖一图章。因为书面和书名页等,往往容易脱落。而且有许多旧书贾收买旧书,常将书面拆去,另换新书面发售,所以书内要多盖图章;

丁、在全幅的图画表格上,以免被人扯去;

戊、盖章宜用上等印泥,或印色墨水,以免变色模糊之弊;

二、登记　圕登记图书,实是一件重要的手续,好像商店的进货簿一样,每购进一批货物,必须进帐以便考查。但是圕的图书种类很多,所以登记手续,也各有不同。

甲、登记的图书杂志,约分三大类:

(一)整本的图书,必须登记的;

(二)杂志日报,另行分别登记;

（三）小册子,宣传品,图画,表格等杂件,择要另行登记;其余临时性质,毋须保存的材料,均不必登记。

乙、图书的登记,宜用登记簿。

（一）登记簿可用有硬布封面的普通英文习字簿。

（二）登记簿注明:日期,登记号数,著者,书名,版次,册数,出版期,出版处,实价,来源,备注等项。如下表:

年 月 日									
登记号数	著者	书 名	册数	版次	出版期	出版处	实价	来源	备注

（子）日期记在每页的左角上,可以知道何月何日馆内收进什么书,和登记的总数。若是一页上所登的图书,不是同一日的,可以分别在登记号之前注明。

（丑）登记号用1 2 3 4等注明,每册一个号码。假如一部书有五册的,就写作1—5;如第一册为1221,就写作1221—5。同时将登记号数,注明在书名页的背面,以便编目。

（寅）来源项下,注明该书是否由书店代售,或由他人捐赠。若是代售的,注明代售人或店号。若是捐赠的,注明捐赠人姓名。直接向出版处购买的,可以不必再在此声明。

（卯）备注项下,注明该书如有缺页,改装,及其他特别情形。

丙、杂志登记,宜用卡片（图二十一）。

（一）每种杂志,用卡片一张,每张可用三年或四年。

（二）杂志名称,载在第一项。下面注明编辑处,出版处。

（三）每期杂志到馆,根据出版月份,将期数登入该月之下。

（四）卡片背面,注明各年订期起讫,及向何处购订。备注项下,注明定单号数等项。

年	卷数	一月	二月	三月	四月	五月	六月	七月	八月	九月	十月	十一月	十二月	备注

编　辑　处　　　　　　○　　出　版　处

二十一　杂志登记卡(二)

(五)杂志登记卡,照该杂志名称,依《汉字形位排检法》排列。

(六)各杂志统照该名称排列在架上,不必分类编目。

(七)小圕所订日报,种数不多,可不必登记。

(八)杂志如有缺少,应即函请出版处补寄,或补购。

(九)凡满年或满卷的杂志,应择要分别厚薄,装钉成册,以便保存。

丁、杂件图表,亦可照普通图书,另簿登记。但登记号码之前,杂件用十做符号,图表用□,以资识别。例如:

　　十1224　　十2061　　□3101　　□5321

问　　题

一　图书盖章,应盖在什么地方?

二　本馆所指定盖章的页,是哪一页?

三　图书为什么要登记? 登记号码有什么用处?

四　登记簿上应注明些什么?

五　来源项下应记些什么？

六　杂志如何登记？

七　杂志登记卡片应如何排列？

八　杂件图表应如何登记？

实　习

　　每人试登记图书十种,杂志五种。登记号数及记载事项,字体须齐正雅观。

第二十课　图书分类法

圕的图书,好像人家的衣服一样。无论一家人家怎样贫穷,总有几个箱子或包袱来收藏他们的衣服。冬衣,夏衣,自然要分别收藏。有钱的人家,衣箱当然多几只。把单的,夹的,棉的,皮的各别分藏。同属一类的,还有布的,纱的,绸的。同是皮类,还有细皮,粗皮等等。不过衣服的种类,到底有限,而图书的分类,却是无穷的。对于图书的分类,若是预先没有一定的方法,那末今天归入这一类,明天又要改变了。这岂不是很麻烦而且纷乱么?

圕的分类,是有一定计划,一定方法的。因为图书日有增加,门类也日有变化。若不预先计划好了,那末必定要混乱,同类的书,就不能同放在一起。检查起来,就不便当。不过圕的规模大小不同,好像人家贫富不同,不能一概而论。我们不能不定一种方法,可以适合于各种圕。但是圕的规模,是一天一天的扩大的。所以分类的方法,不但要适合目前的需要,而且要有扩充的可能。订定一种方法,是很不容易的事啊。

现代圕的分类方法,普通是分为十类的。每类有一个号码为代表,使各类有一定的次序。好像我们的衣箱一样,有皮箱,有木箱;有第一箱,第二箱等;然后取衣服的时候,可以知道什么衣服,在哪一个箱内。这个号码,普通是以数目字构成的。照普通圕的方法,是拿三个号数代表一类。但是因为圕规模有大小不同,所以也可以取二个或三个以上的数目。现在分别述明如下:

普通的中学校或师范学校圈,以采用三个号码为原则。因为一个号码,可以代表一类,三个数目就可以分为九百九十九类。在一般的圈已可足用了。现在我们所采用的是《世界图书分类法》。该法将世界上的学问,分为十类。每类用三个号码代表。凡是属那一类的,就有一定的号码。例如下:

000　普通总类

100　哲理科学

200　教育科学

300　社会科学

400　艺术科学

500　自然科学

600　应用科学

700　语言学

800　文学

900　历史地理

　　注　〔一〕详见杜定友:《图书分类法》第五章

为什么要这样分类呢? 这有两种原因:

一、在意义方面　因为世界上先有宇宙,然后有人类。凡是讨论宇宙和精神的学问,就是哲理。所以哲理科学居第一。有了哲理的背景,人类便要有教育;没有教育,人类和禽兽就没有分别了;所以教育科学居第二。有了教育,人类才能合群,才能成为社会,所以社会科学居第三。有了合群的社会,才能安居乐业,享受天然的乐趣,鉴赏天然的风景,所以艺术科学居第四。有了艺术,若是没有生活的工具,还是不足;要求人类生活的工具,所以有科学;科学则先要有自然科学,方能有应用科学;所以列居第五第六。有了科学,人类的生活大备,于是发为语言文章,所以语言居第七,文学居第八。历史地理,是记载人类全部的生活,继续演进,启发后来,所以在最后,居第九位。又把普通图书,不能纳入九类之中的,另为普通类,冠于各类之首。这样一共分为十类。

二、在数理方面 因为虽分作九类,内容还很复杂。必要再行详细分类,方才可以足用。若是我们不用三位数目,只是有一类列一类的,原是未尝不可。不过有了几百类,就不容易分辨,反而易陷于混乱。现在用三位数目,那末一类可以再分十部,每部可以分为十项,以后还可以详细分下去。例如500是自然科学。但是自然科学以内,有天文,物理,化学,地质等等,所以更分为十部:

    500 自然科学

    510 数学

    520 天文学

    530 物理学

    540 化学

    550 地质学

    560 博物学

    570 生物学

    580 植物学

    590 动物学

所以凡是属于自然科学的书,一定是500号的。数学的书,一定是510号的。我们在圕内看见一本书。书上有500号的标记,就知道是属于自然科学的。凡是510号的,是属于数学的。但是数学的书,还是很多,我们再可以分为十项:

    510 数学

    511 算术

    512 代数

    513 几何

    514 三角

    515 解析几何

516　分析几何

517　微积分

518　杂题

519　谅必率

以实例来说:以下各书的类码,如下:

匡文涛　《算术问题解法指导》＝511

匡文涛　《代数问题解法指导》＝512

匡文涛　《几何问题解法指导》＝513

匡文涛　《三角问题解法指导》＝514

所以每一种书,有一个类码。我们依着该类码排列,各书就有自然的次序。凡是同类的书,它们的类码,当然相同,相同的类码,当然排在一起。凡是我们要找算术书的,只要去找511号,那末算术书都在那里了。所以圕分类学上,最重要的就是这种分类表,要有一定的组织,一定的计划,非但各科要分配平均,而且有扩充余地。譬如"儿童文学",因为书籍很多,还可再分:

828　　儿童文学

828.1　故事

828.2　寓言

828.3　笑话谜语

828.4　歌剧

828.5　话剧

828.6　科学工艺的故事

828.7　童画

828.8´　杂类

828.9　史地的故事

扩充的方法,是在三位数之后,加一个小数,使原有地位不动,而类数加多。若是某一类的书籍太多了,更可以加多一位小数。这样可以增加至于无穷。

反过来说:在小规模的圖内,例如小学校圖内,关于算术,代数,三角等书,不过一二十本。就使统统归入"数学",也不至于找寻不便,所以用二位数,也就够了。不过小学圖内的儿童文学,一定是多的。所以不得不改变一下,以适实用。此外历史方面,因为外国历史的书,在小学圖也不多的,所以统归一类。现在将中学和小学应用的分类表,分别附载在本书之后,以供应用。

那二张表,都是根据"世界图书分类表"改编的;一方面可以应实用,一方面因为国内大学和公共圖,采用这种方法的很多。我们在这里熟悉了这个方法,那末将来到大学或公共圖去阅书,当然是很便利。即使各圖的分类略有不同,但是现代的圖分类,在原则上都是一样的。我们可以照此类推,于将来读书研究上不无关系呢。

参　考

中国图书的分类,汉时已经有了。最初的是刘向,刘歆的《七略》。班固《汉书艺文志》的六略,把书籍分为六书略,诸子略,诗赋略,兵书略,数术略,方技略;每略之下,再分数类。现在最通行的,是乾隆时候编《四库全书》的方法。通常称为"四部分类法",即分为:经,史,子,集,四大部;每部再分类如下:

一　经　(1)易(2)书(3)诗(4)礼(5)春秋(6)孝经(7)五经总义(8)四书(9)乐(10)小学

二　史　(1)正史(2)编年(3)纪事本末(4)别史(5)杂史(6)诏令奏议(7)传记(8)史钞(9)载记(10)时令(11)地理(12)职官(13)政书(14)目录(15)史评

三　子　(1)儒家(2)兵家(3)法家(4)农家(5)医家(6)天文算术(7)术数(8)艺术(9)谱录(10)杂家(11)类书(12)小说(13)释家(14)道家

四　集　(1)楚辞(2)别集(3)总集(4)诗文评(5)词曲

这种分类法,既没有类码,不合现代分类原则;而且各类目只限于旧书,不能包括新书。实际上,现在小规模的圖,所藏的书,大半是科学新书为多,所以这个方法是不适用的。现在有许多图书分类法,是根据四部方法,将新书的类目加入,以为可以补救一点。不知四部法本身,对于现代分类原则不合,是不能存在的。例如史部分为正史,编年,别史等等;而不以时代为次,这是不对的。我们对于历史书籍,有世界各国历史,有各时代的历史。我们要先把各国的历史分开,同属一国的,再以时代为次,譬如上古史中古史现代史等等。中国史则分为汉,唐,宋,元,明,清各朝等,然后把同时代的书,再分为正史,别史,编年等等,才是道理。若是不问国家,不问时代,试问如何研究历史呢?

关于外国圕最通行的分类方法,是杜威的《十进分类法》,原则上,大纲上,与本书所附的相同。不过对于中国的书籍,也有完全缺少的,例如经书一类,在他的分类方法内是完全没有的;也有分配不匀的,例如历史一类,美国史是970—979有十位,而中国只有951一位。但在中国圕内,中国历史的书,何止十倍于美国史呢?其余如文学,语言,法律,政治等等,中国所占的地位,也比较很少。所似这种方法,也是不合我们所需要的。

问　　题

一　圕图书为什么要分类?

二　分类表是什么?

三　类码为什么用三个数码?

四　《世界图书分类法》,分图书为几类?

五　各类的次序,有什么意义?

六　各类怎样可以再行分析?

七　三个号码不敷应用时,用何法扩充?

八　小学圕可用几个号码?

九　小学圕与中学圕适用的分类法,有什么要改变的?

十　为什么要采用《世界图书分类法》?

实　　习

将附表内所列的中学圕适用分类表,各大类的名称和类码记熟。

一　试将下列各类类目译为类码:

（一）天文学　　　（二）图画图案　　　（三）中国历史　　　（四）中国文学

（五）工程　　　　（六）动物学　　　　（七）美术游戏　　　（八）应用科学

（九）形而上学　　（一〇）圕学　　　　（一一）植物学　　　（一二）化学工艺

（一三）自然科学　（一四）教育科学　　（一五）交通

　　二　照分类表查出下列各码的类目：

　　（1）652　　（2）610　　（3）598　　　（4）570　　　（5）556

　　（6）432　　（7）928　　（8）681　　　（9）546　　　（10）496

　　（11）480　　（12）444　　（13）393.3　　（14）828.8　　（15）327

第二十一课　类码扩充法

按照图书分类法的原则,小学的分类表有九十九类;中学的有九百九十九类,以普通情形而论,已是很足用了。不过书籍过多的时候,还有几种简单的方法,可以扩充。

一、以文体分的助记符号　凡各类的总类,可以照文体再行详分。例如教育学,虽可分为行政,管理,课程,教授法,小学教育,中学教育等,但是还有许多教育原理,教育辞典,教育杂志,教育史等等,若是统归一类,未免纷乱,所以对于普通类的书,还可以利用下列的助记符号,再行详分:

助记表(一)以文体分

0	普通类	05	杂志,期刊,年报,报纸等。
01	哲理,原理,概论,大纲等。	06	学会,报告,会社,行政机关等。
02	纲目,图表,统计,提要等。	07	学习,研究,课本,习题,用具等。
03	字典,辞典,类书,指南等。	08	丛书,刊本,选本,钞本等。
04	论文,演讲,批评,函件等。	09	历史,状况,杂类等。

甲、凡总类类码,末位有二个 0 的,都可以用这助记符号,再行详分。如:

500 = 自然科学　01 = 原理　　　501 = 科学原理

03 = 辞典　　　503 = 科学辞典 05 = 杂志　　505 = 科学杂志

06 = 会社　　　506 = 科学社　　800 = 文学　　09 = 历史

809＝文学史

900＝历史　　　09＝杂类　　　909＝杂史

乙、凡类码之后,有一个0的,可以加一小数点,用助记符号详分。如:

530＝物理学　01＝原理　530.1＝物理学原理　03＝辞典
530.3＝物理学辞典

09＝历史　530.9＝物理学史　820＝中国文学　09＝历史
820.9＝中国文学史

08＝丛书　920＝中国史　920.8＝中国历史丛书

这里,我们要注意的,就是凡以文体分类的,类码之中,必有一个0字。换句话说:就是凡属普通类的东西,都可以文体分,其余就照分类表所定的门类分类。例如现在有舒新城的《教育丛稿》,我们知道那丛稿之内,凡关于教授法,行政,管理等各方面,当然无所不包,所以不能归在210—290号,而只得入教育的普通总类,那类类码是200号。

但是200号的书很多,我们就得去查助记表,知道论文丛稿等是属于04号,所以这部书的类码,是204号。

二、以国体分的助记符号　圕的分类,只问内容,不问文字国别。不过遇有内容述及某一国的事,或者某一类的书,是由某一国出版的,我们也有助记符号,如下。

助记表(二)以国体分

9	历史	95	德国
91	万国,各国	96	日本
92	中国	97	俄国
93	英国	98	美国
94	法国	99	其他各小国

甲、历史和文学,是以国体分的。所以:

900＝历史　　930＝英国史　860＝日本文学　890＝其他小国文学

910＝万国史　940＝法国史　870＝俄国文学

920＝中国史　950＝德国史　880＝美国文学

乙、普通各类的历史,若是该类书籍很多,也可以用国体分。例如:

200＝教育　09＝历史　209＝教育史　92＝中国史　209.2＝中国教育史

509＝科学史　509.2＝中国科学史　109＝哲学史　109.3＝英国哲学史

丙、其他各类,有应以国体分的,在分类表内,都一一注明。各类既已注明,所以每类不必再用9字。例如:

030 百科辞典(以国体分)　032 中国百科辞典　033 英国百科辞典

050 学会(以国体分)　　　052 中国学会　　　054 法国学会

700 语言学(以国体分)　　720 中国语言学　　730 英文　　　740 法文

340 法律(以国体分)　　　342 中国法律　　　348 美国法律

丁、其他各类,本来不必用国体分,但是因为中国的材料特多,所以特别提出,以 2 代表中国。所以:

020＝中国经籍　　　　　120＝中国哲学　　　420＝中国字画

这里,要注意的,是凡以国体分的各类,在分类表上均已注明。凡是未注明的地方,都不能任意应用,以免与原定的计划互相冲突。例如 530 是物理学,我们不能以 532 代表"中国物理学";因为该码是指定为"水力学"了。而且物理学是不能以国体分的,因为纯粹的科学,是没有国界的。

还有一层要说明的,所谓"助记符号",不过在同一情形之下,或特别指定的时候,各类的次序是相同的,以便辅助记忆,而次序较为整齐罢了。例如 9 字是代表历史的,所以中国哲学史是109.2,教育史是 209,文学史是 809,物理学史是 530.9,这并不是9字除了代表历史之外,不能代表其他各类的。因为这种助记符号,是指定在一定的门类之下用的。例如以文体分的,是指定用在普通类的,即类码内 0 字的,所以这种符号,决不会与其他符号混乱。又如以国体分的,也是在指定的地方用的。例如 820 是中国文学,352 是中国政府,我们决不能以 352 为行政表册。因为351—359 是指定以国体分的,而不能以文体分的。行政表册的类码是 350.2,而不是 352,这是不容混乱的。我们更不能因 352 的 2是中国,而误会 532 的 2,也是中国。因为在分类表上,530 之下,没有指定以国体分呢。要知助记号的意思,不过定了一个次序,凡是以文体分的各类,那末第一是概论,第二是表册,第三是辞典等,使各类的分配,较为整齐画一。若是没有这种助记符号,那末在哲学类,我们以表册居第一,在教育类,却以表册居第二,岂不是更混乱吗? 分类法的符号,不过要使各类有一个次序,并不是要我们看了号码,一定要去猜度出该码的意义呢。

三、特别符号　在小学圕内,因为儿童文学的书很多,借出也很繁,那末对于这一类的书,可将 828 这个符号省去,用一个"小"字代表之,如:

| 小 1 = 故事 |
| 小 2 = 寓言 |
| 小 3 = 笑话 |
| 小 4 = 歌剧 |
| 小 5 = 话剧 |
| 小 6 = 科学故事 |
| 小 7 = 童画 |
| 小 8 = 杂类 |
| 小 9 = 史地 |

这一类的书,在书架上,可以依照原有的位置,排在 827 之后;最好另列一处,在借书处的附近,以便出借,那末对于管理阅览上,双方便利,而且可以引起儿童对于这一类图书特别注意。

四、小说故事书　有些圕内是不分类的。因为我们并不是研究什么小说学,所以不必分为某国小说。只要把讨论小说的书,分在 817,827,837 等号,把整部的小说故事或小说集等,照著者姓名,给一个著者号数(详后),那末所有小说故事书,都可以著者号码为次序,排在其他各类书籍之前。我们到书架上找书的时候,看见书上只有一个号码的,就知道是小说故事了。

其他关于扩充类码的方法,虽然是很多,但是在中小学圈内,有了以上四种,已经绰绰有余了;用多了,反为复杂而容易陷于混乱。

问　　题

一　分类表为什么要扩充?

二　何谓"以文体分"?

三　类码上没有 0 字的,为什么不能以文体分类?

四　何谓"以国体分"?

五　化学可以国体分吗?

六　以国体分的在哪几类可以将 9 字省去?

七　儿童文学有什么特别符号?

八　小说怎样分类?

实　　习

将 100,590,700 号以文体详分,将 700,209,350 号以国体详分,每号应将助记符号逐一列出,排列成表。

第二十二课　地理分类法

图书分类法,为便利计,用十进法,每类分为十部,每部分为十门。但是地理书籍,很难用十进的方法。例如中国有二十八行省,美国有四十八州。而且分类表的门类也有可以用地域区分的,例如行政一类,有各省政府,地方政府,若能以地位分类,自更便实用。所以在本分类法内,以地理作为一种特例,另用一个(—0)为符号。凡是以国体分的各类,都可以加地理符号,以表明地域的意义。譬如:

910 为万国历史,则 910—0 为万国地理。920 为中国历史,则920—0 为中国地理。

927 为清代国史,则 927—0 为清代地理,例如,《大清一统志》。

在书架上排列的时候,"万国地理"排在"万国历史"之后,"清代地理"排在"清代历史"之后,那末各国的历史地理,都在一起,可以便于参考。但是地理一门,内容也很复杂。所以在地理符号之后,再加上 1 2 3 等,以代表各种意义。以 1 至 9 为普通各国所适用的符号,以 10 以下为各国分省地志。外国地理,在国内中小学校的圖,搜藏甚少,所以这里可以不必讨论;现在将"中国地理"照地域分为三十九类,以 11 至 49 为符号。凡论全国地理的书,则归入普通类,以 1 至 9 为符号。其余依地域分类,列表如下:

地理分类表

—1 古迹	—17 河北	—34 四川
—2 政治	—18 山东	—35 两广
—3 人文	—19 河南	—36 广东
—4 名胜	—20 山西	—37 广西
—5 山河	—21 江浙	—38 云南
—6 商业的	—22 江苏	—39 贵州
—7 农工的	—23 浙江	—40 热河
—8 游记	—24 安徽	—41 绥远
—9 历史的	—25 江西	—42 察哈尔
以上为各国适用	—26 福建	—43 西康
—10 各流域	—27 两湖	—44 宁夏
—11 中央	—28 湖北	—45 青海
—12 东北	—29 湖南	—46 西藏
—13 东三省	—30 西北	—47 蒙古
—14 辽宁	—31 陕西	—48 内蒙
—15 吉林	—32 甘肃	—49 外蒙
—16 黑龙江	—33 新疆	

地理分类表的用法,如下:

一、以地理符号加于历史类码就成为各种地理。例如表内 –2 为政治地理, –6 为商业地理,故

920 为中国历史　　　920—0 为中国地理　920—2 为中国政治地理

920—6 为中国商业地理 927 为清代史　　　927—2 为清代政治地理

927—6 为清代商业地理

二、以各省地理符号,加于中国历史类码上,就成为各省地理。例如表内 22 为江苏省,36 为广东省,所以:

920 为中国历史　　　920—0 为中国地理　　920—22 为江苏地志

920—36 为广东地志

三、凡分类表中,以国体分的门类,都可以使用地理符号,表示

129

各地方的意义;不过在小规模的圖内,是可以不必如此详细的。例如:

700 为语言学　　　　720 为中国语言学　　　　728 为中国方言俗语

728—22 为江苏俗语　　728—36 为广东俗语

350 为行政　　　　　352 为中国行政　　　　352—22 为江苏行政

209.2 为中国教育史　209.2—36 为广东教育史　209.2—23 为浙江教育史

　　各市各县的地理,本来也有一定的符号的,不过在小规模的圖,分类不宜太详,以免陷于琐碎。例如现有上海,苏州,镇江等地志;那末统归入江苏一类,已很足用了。因为同样的书不多呢。若是在专门搜罗地志的圖,那末分类方法,自然愈细愈好。

　　凡是一部书涉及几省以上的,可以归入第一省份,或归入 -10号。

　　分类的时候,那里要用地理符号的,那里可以不用的,都要预先在分类表上注明,以便日后有同样的书,用相同的类码,而免混乱。

参　　考

杜定友:《图书分类法》第九章

问　　题

一　什么叫做地理符号?

二　试言历史和地理的关系?

三　例如有一本书专论中国的名山大川的,应归入哪一类?

四　杭州游记应归在哪一类?

五　什么叫做"人文地理"?

六　试将下列各类码,译为类名:(1)920—24　(2)209.2—11　(3)920—8　(4)724—30　(5)393.2—19　(6)342—19　(7)352.6—21　(8)082—24　(9)062—25　(10)072—31　(11)927—19　(12)914—0

实　习

　　每人在圖内,取地理书五种,依照上列方法分类,将类码写在小纸上夹在书内,以便核对。

第二十三课　图书归类法

图书分类表订定之后，就可以着手分类了。图书的分类，在图管理法中，也是一件重要的工作。担任分类的人，非但是对于分类表，要十分明了，而且对于各科学术，都要略有门径。因为分类的方法，非但要依据书籍的内容，归入适当的门类；而且要评定该书，在图的实用价值，使找某一类书的人，可以找到相当的书。例如郑宗海的《儿童与教材》，本来是可以归入"小学教育"或"幼稚教育"一类的，但是我们在师范学校的图内，希望教员研究课程的时候，可以找到这本书，把这本书，归入"课程与教材"门的各科心理(235)项下也未尝不可。所以图书归类的时候，每一本书都要详细斟酌，不可贸然从事。有时决定入那一门之后，过了些时候，还要改换的。所以担任分类法，是一件很值得研究而且很有兴味的事。归类的方法，略述如下。

一、有许多书，看了书名就知道属于哪一类的；但是也有许多仅靠书名，是不能辨别的。例如黎锦晖的《三蝴蝶》，和施乃普的《美丽的蝴蝶》，是完全不同的。所以单看书名而分类，是很容易错误的。

二、书名之外，著作的人与所著的书，也很有关系。例如黎锦晖是以儿童歌剧著名的，舒新城是研究道尔顿制著名的。例如一本物理学的书，倘为化学专家所做的，他所编的往往偏重于化学的方面；也许将他所著的书，归入化学类，尤为适用，这是要斟酌的。

三、归类的时候，不可不详细把目次看过，然后能确定该书所述的范围。若是看了目次之后，还不能定夺，那末还要参考各章的节目，论题和叙跋。例如杜定友的《校雠新义》，据书名看来，不能决定是什么，必要看了书内的章节和叙文，才知道是讨论"中国目录学"的书。

四、看了章节序跋之后，也许还未能定夺的，就要参看书内第一二章，或各章涉猎一过，才可以十分决定。例如《校雠新义》虽知道是中国目录学的书，但是细阅书中各节，所谓"目录学"，实包含现代圕管理各方面。所以这本书可以归入普通圕学原理（即010.1），而不应入管理类的编目法项下（即012）。

五、归类的时候，要注意该书在馆内的实用，与阅者的需要。例如许士毅的《现代五大强国》，可以入地理类或历史类；但是这本书放在政治史或政治状况内，较为实用。因为研究政治的人，若在政治史里找到这本书；比较研究地理的人，在地理类找到这本书，它的实用价值，远在入地理类之上。这一层是很要注意的。

六、归类重在内容而不重体裁。例如陈柱尊的《公羊家哲学》和杜威的《教育哲学》，前者应入哲学类，后者应入教育原理类。因为教育哲学的内容是教育；所谓"哲学"不过叙述教育所根据的原则罢了。仿此，政治史入政治，而不入历史；数学史不入历史，而入数学；博物辞典，不能和国语辞典同属一类，也是一个道理。

七、归类应从严格主义，要认定该书所讨论的正确范围，归入适当的门类。普通的人不知圕分类原理，以为图书分类是很容易的。把一堆书籍任意说"这是文学，这是历史，这是科学"，以为就完了。不知分类的方法，要将各类的书更分为小类。然后可以把同类的东西，归在一起，以便研究。例如尤其伟的《臭虫与蚊虫》，我们不能将他归入动物学类便算了事。还要归入动物学内的爬虫类方合。又如倪德基的《方程式论》应入代数类，而不应入普通数学类。

八、一本书包含几类的,有几种办法:

甲、一本书包含二种科学,分钉上下二册的,可依据第一册,或较重要的门类归类。

乙、一本书包含二种科学,而对于某一种较为偏重,所占篇幅较多,或实用上价值较大的,就归入较重要较有价值的一类。

丙、一本书包含二三种科学以上,若归入其中之一类,均不甚妥当的,则归入总类。例如一本书内有物理,化学,动,植,矿的,那末可归入自然科学类。又如《相台本五经古注》,内有《易经》,《书经》,《诗经》,《春秋》,《左氏传记》五种,即入群经类(即020)而不入易,书,诗各类。

九、丛书分类法:

甲、内容复杂,而文字,体裁,装钉,格式相同,每本页数较少,不能独立成书的,归入普通丛书类(即080)。例如《通俗教育丛书》可以统归一类,不必分散归入各类。

乙、古版丛书,内容复杂,而版本相同,或刻印人相同;于版本及校雠上,有特殊价值的,不宜分散,应入普通丛书类,如《四部备要》,《四部丛刊》等。

丙、内容单纯的丛书,装钉格式,文字体裁相同,页数较少的,也不宜分散,应分入各类的普通类。例如《民众经济丛书》,入经济总类(即330.8);《国民外交小丛书》入外交类(327)。其中有《各国航业竞争》一书,不必入交通类;《法国殖民地》一书,不必入政治类。但在编目的时候,可以用类名题出。

丁、内容较复杂,每书篇幅较多,可以独立作为单行本看待的,应归入各类。因为有许多名称,虽是"丛书",但是没有归入一类之必要的。例如中华书局的《常识丛书》,《教育丛书》,《新文化丛书》等等,都可以根据各书内容归类,不必因"丛书"二字致失去各书的效用。

一〇、译本,撮要,评论,注释,考证,答案等等,都应随原书分类。教科书的课本和教授书,参考书,都该归在一起,以便检查。

照以上的方法,若是还不能决定该书归入哪一类的时候,就要去找其他圕的分类目录,以供参考,有时候还要请该科的专家订定。校内的教员,也很乐意帮忙的。门类决定之后,就要找相当的类码,手续如下:

一、在分类表上,找相当的类码。譬如舒新城的《心理学初步》,一望而知是心理学类。心理学不是普通类,不是社会,自然,应用科学;更不是文学,史地;与教育有些相近,但也不是教育学;所以归入哲理科学为近。哲理科学的类码是 100 号,因此可以在 100 里面,去找到心理学,是 150 号。

二、找到了类码之后,勿忘记二种手续:

甲、在分类表上 150 之前,作一レ记号。这是表明这一个号码,已经用过了。这个记号有两层意义:

(一)以备日后有相同的书,可以归入同一门类,用同一号码。因为有许多书内容相仿的,但是分类的时候,往往因当时的观点不同,而把相同的书放在不同的门类。如吴应图的《人口问题》,也许以前是入 393 社会问题内的;现在有一本陈长蘅的《人口论》,却入了 312 人口统计类。若是表上只有 393 之下有记号,而 312 之下没有记号,那末,若是内容相仿,自然应与吴应图的书,归在一起为宜。若是两方面都已用过的,那末要把双方面拿来比较一下,以求归入较适合的门类。

(二)随时可以从表上看得出,馆内有哪几类的书,哪些是馆内所欠缺的,于选购书籍的时候,也是一种很好的参考。

乙、在该书书名页的右角上,把类码写上,以便编目时候的应用。若是该书没有书名页的,就写在正文的第一页上。有许多圕是写在封面的背面的,但是这种方法,很不妥当;因为封面常会落掉,或改装的时候,也会失掉;将来改编,就感着困难了。还有许多圕只把书码写在书标上,而不记在里面的。一旦书标失掉,就无从查考了。

三、找类码的时候,要注意各类上的细目。例如一本葛承训的《儿童心理学》,我们虽然知道是 150 心理学类,但是应该在心理学里的哪一项呢？我们就得逐项斟酌,选择最适当的类码。

四、分类表上的名称,都是概括的。并不限于字面上的意义。譬如"儿童心理学"这一个名词,在分类表上是没有的,但是儿童心理学当然包括在人类心理学(152)之下。又如 176 号为职业伦理学,在书本上当然没有这个名称,但是像陆费逵《实业家之修养》等一类的书,就该归入这一类。所以分类的人,要善于体会各类名称的意义。若是要每一本书,都要在分类表上,找一个相同的名称,这是事实上不可能的。

五、各类名称,除已包括该类所含的各科以外,而且可以代表相近的门类。因为各科学术,愈演愈繁。新科学新门类日出不穷。我们定了一种分类表之后,不能常常更换。所以凡有相同相近的新科学新门类,都该归入相当的门类。譬如现在新行的成人教育,这是在分类表上所没有的。但是 293 号的社会通俗教育,较为相近,就可以归入该类。同时最好将"成人教育"注明在表内,以便日后有相同的书都归在一起。

六、本书所附的分类表,不过就一般中小学校的情形而定,若是规模较大,藏书特多,而且专于某一科的,那末还可参看原表(即《世界图书分类法》),增加门类。但每次增加或删改,必要在表上注明,以便日后沿用。这要特别留意的。

七、分类的时候,要检查圕内的目录,看看以前有相同的书与否。若是已经有的,就应沿用原有的类码。

由此看来:图书分类,并不是一件容易的事;分类表的编制,尤为困难,所以没有特别的情形,不应任意删改。因为分类表的组织,各类的分配,都有原则上的根据,偶一改动了,就会牵动全部,将来必感困难。而且分类表并不是检查书籍的唯一方法,我们检查书籍,最重要的,在乎目录,而不在分类。这是我们应该知道的。

至于小规模或小学圕,分类手续也和上述的一样,不过门类简单一点,只用两个号数,作为类码。若是对于某一科书籍特多的时候,当然可以增至三码或四码的。照大概而论,每一类码包含五十种书以下,是不成问题的。譬如儿童心理学,成人心理学,青年心理学,妇女心理学等书,若是一共不过三五十种,那末统归一类,尚不至有什么困难的。

参　考

杜定友:《图书分类法》第十第十二章

问　题

一　归类的时候,应根据哪几方面决定门类?

二　什么叫做分类严格主义?

三　一书包含数类的,怎样归类法?

四　丛书怎样分类法?

五　译本注释等应怎样归类?

六　类码应写在什么地方?

七　为什么分类的时候,要在分类表上作一个记号?

八　"分类名称是概括的"是什么意义?

实　习

由教员分配,每人择不同的书籍十种,照分类表分类,用另纸将书码写上,夹在书内,以便对核。

第二十四课　著者编号法

　　圖的书籍,除了类码之外,还有著者号码和书号。因为同类的书籍很多,若是没有其他的方法去辨别它,那末于检查和出纳上,就会发生许多混乱和困难。编号的手续如下:

　　一、决定了类名之后,就在姓氏号码表(见附表二)上,依着著者的姓氏,找相当的号码。

　　甲、姓氏号码表是依"汉字形位法"排列的。每姓有一个号码。

　　乙、普通的姓氏,用方体字印,以便检查。

　　丙、普通的姓氏,号数较多,以免重复。例如:

　　沈 = 4 - 11　　林 = 135 - 143　　张 = 182 - 196

　　二、著者号码,写在类码之下。例如:

　　舒新城《教育通论》$=\dfrac{201}{324}$　　庄泽宣《教育概论》$=\dfrac{201}{577}$

　　余家菊《教育原理》$=\dfrac{201}{744}$

　　三、同类的书,著者也相同的,在著者号码之后,附加 - 2　 - 3
等。例如:

　　舒新城《心理学初步》$=\dfrac{150}{324}$

　　舒新城《心理学大意》$=\dfrac{150}{324—2}$

舒新城《现代心理学之趋势》$=\dfrac{150}{324-3}$

四、同类的书,著者姓同而名不同的,依次取第二个号码。例如:

王慕宁《东三省之实况》$=\dfrac{920-13}{817}$

王光祈《美国与满洲问题》$=\dfrac{920-13}{818}$

五、著者同而不是同类的书,著者之后,不必附加记号。例如:

杜定友《图书管理法》$=\dfrac{010}{127}$　　杜定友《心理学》$=\dfrac{150}{127}$

六、著者以原著者为主;倘原著者无从知悉的时候,可依编者,译者的姓氏编号。

甲、中国子书,以诸子姓氏编号。例如:

谢无量《诸子学派》$=\dfrac{120}{63}$　　陈柱尊《墨子刊误》$=\dfrac{120}{606}$

乙、外国书,依原著者姓氏译名编号[一]。

(一)译名归入960—979号。(编号法详下一节)

(二)日本名字,亦归入译名号。例如:

汤姆森=960　　罗克=969　　大雄一郎=977

森山一郎=967

注[一]　外国著者姓氏另有详表,但在小圕内,所藏西文书不多者,可以不用。

七、无著者的书,以商店,机关,社会,学校,或书名名称为著者号码,依别名表编号。

甲、以商店名义出版的,入900—919号,

乙、以机关名义出版的,入920—939号,

丙、以学校会社团体出版的,入940—959号,

丁、无姓名可查者,依书名编号入980—999。

戊、用别名及其他异名出版,而原著姓名无从查得者,亦入

980—999。

以上每类有二十个号码,每个号码代表一种字形和笔法。例如纵形字一撇起的字,是4号,以4加入任何一类,即表示各种意义。例如"外"字,是纵形一撇起的,所以"外"字即4号。以4字加入920,即成为924,可以代表"外交部"。又如"中华"之"中"字,为整字直起,系第18号。以18加于900上,即为918,代表"中华"。因此"中山大学"为958,"中山次郎"为978,余类推(各种字形笔法记号详见附表二)。

八、表中所没有的字,照排字法依次补入,取相近的号数。例如表中无"清"字,但其位置应在"汪"字之后,"江"字之前,故可取16或17号。如该字无适当的空号,可与相当的字合一号码。若是类码不同的时候,是不致有冲突的。万一有同类时,可以附加小数,如2 .3等。但是事实上,很少有的。

九、表中普通姓氏所有的号码,不敷应用时,每号可以附加小数。例如:

"江"字只有18—20三号,可以加为18.1 18.2 19.1 19.2 20.1 20.31 20.312 20.313 以至于无穷。

十、凡姓氏表内有所增改,都要随时记注在表上,以便日后沿用。

参　考

杜定友《著者号码编制法》第一至七页

问　题

一　何谓著者号码?

二　同类同著者,应如何编号?

三　同类,同姓,不同名者,应如何编号?

四　外国译名,应如何编号?

五　日本译名,应如何编号?

六　商店,机关,学校,名称,应如何编号?

七　表中没有的字,应如何增加?

八　表中号码不敷用时,应如何扩充?

实　习

由教员指出名称不同的姓氏,译名,商店,机关,社会,书名等,检出相当的号码。对于姓氏号码表,要运用纯热,方才可以实行编书。

第二十五课　图书标目法

普通图书的书码,有了类码和著者号码,已经可以足用了。但是有些书,是二册和三册以上的,或有两部的,或有因庋藏上排列上的关系,而要另加各种符号,以分别表示的,这种符号可名曰书号。普通各种方法如下:

一、一本书有二册以上的,在著者号码之下,加1 2 3等,以表示册数。最后一本,加一横画,以表示终了。例如:

150	150	201	201	201	201
144	144	324	324	324	324
1	2	1	2	3	4

二、一本书在馆内有二部以上的,附加(2)(3)等,以表示部数。例如:

120	120
144	142
(2)	(3)

三、一部书有数册,而馆内有数部的,用(2)1表示第二部第一册,(2)2表示第二部第二册。例如:

201	201	201	201
324	324	324	324
(2)1	(2)2	(2)3	(2)4

四、小说书,可以不用类码,只用著者号码表示之。

五、参考书要另架陈列,且不能借出馆外;故书码之前,加一△

号。（△＝参）例如：

　　△201　　△224　　△5103
　　324　　　324　　　248

六、大本的图书，往往因为架上安放不下，可以加"大"字表示之，另放在大书架上。例如：

　　大320—2　　　　　　大930—2
　　344　　　　　　　　　938

七、其他特种图书，可以用各种符号，加于书码之前，以免与普通书籍相混。

八、书码写在圆纸上，名曰书标。

甲、书码写法，应用阿剌伯字直体正楷字（图二十二）；

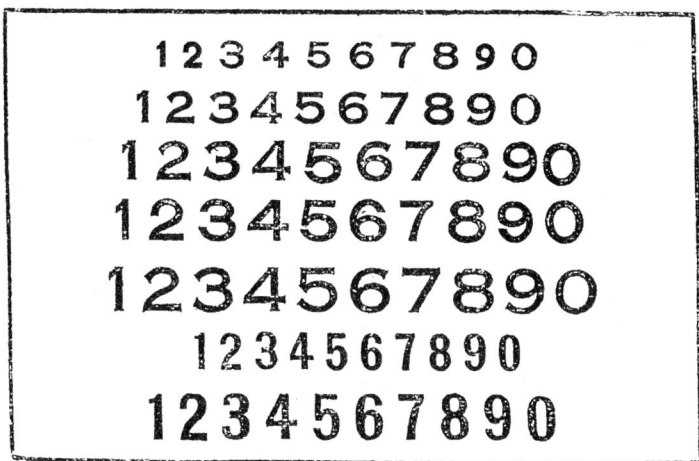

图二十二　书标用字字体

乙、应以画图用的黑墨水，书写书标，其他墨水，容易变色或遇水即模糊脱色；

丙、圆纸名曰标目纸，用白纸图形，直径一寸；

143

丁、书标贴在书背上,离书根一寸半;薄本书,可贴于书面右角上。

九、薄本书,因为书背上不能标贴,以至排架之时,无由辨识其次序,可用颜色纸代表之,名曰"颜色秩序法"。该法略述如下:

甲、以十种颜色纸,代表十个号码(图二十三)。例如:

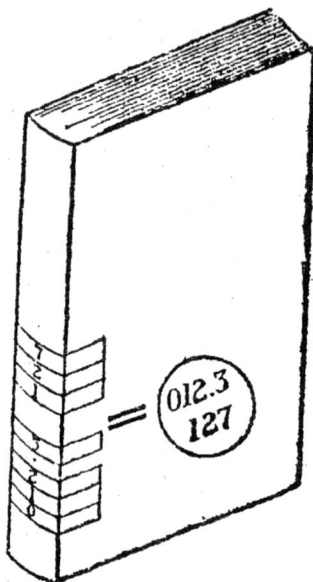

| 赤 =0 |
| 妃 =1 |
| 橙 =2 |
| 黄 =3 |
| 绿 =4 |
| 青 =5 |
| 蓝 =6 |
| 紫 =7 |
| 赭 =8 |
| 黑 =9 |

图二十三　颜色秩序法

红色等于 0　　妃色等于 1　　那末红妃红等于 010,妃妃红等于 110。

乙、每张色纸,裁成阔四分之一吋,长一吋,以便标贴。

丙、标贴色纸,由书根一吋半贴起。

丁、类码之后,空半吋,再贴著者号码。

戊、如类码有小数者,小数占空位四分之一吋。

己、如著者号码有附加记号者,空位如上。

144

庚、册数部数可不必标贴。

一〇、为便于表示各种图书起见,得用半吋阔之各种颜色纸条,贴在离书顶半吋的地方,表示之:

甲、参考书用红色。

乙、大本书用黑色。

丙、儿童文学书用青色。

(一)中国儿童文学书,如已用青色,则类码上的828可以省去。

(二)外国儿童文学书的类码,可省去8字。

丁、小说书用紫色,并将全个类码省去。

戊、教员用书,可用黄色。

贴书标可用科学浆糊,以防腐烂易脱;并须用厚卡片制一标准尺度,以免贴时或高或低,致不雅观。旧书标如欲起去,可用同样大的吸水纸,浸湿后,贴在书标上。约经十余分钟,即可用小刀刮下。若恐标目上的字迹,容易损污,可用透明油涂之。

问　　题

一　书标上如何表示册数和部数?

二　参考书、大本书应如何表示?

三　试拟一符号,以表示儿童文学书?

四　标目纸,为何应用圆形?

五　何谓"颜色秩序法"?

六　如何以颜色表示特种图书?

七　这十种颜色有自然的秩序否?

八　如何刮去旧书标?

实　　习

每人实习制标目及颜色标贴各十种。对于字体书法,应照本课所举的字体,每日有十五分钟以上的练习;继续至全班各人的字迹,大致能整齐一律为止。

第二十六课　图书编目法

圕是一个宝库,图书目录,便是一把钥匙。没有这把钥匙,这宝库便没由开发。所以图书编目法,是圕管理法中一件最重要的事。编目法和分类法,有密切的关系。但是手续上,是绝对不同的。它们重要的分别,有以下二点:

(一)分类法只把书籍的内容,加以肯定。把内容相同的书,放在一起。把内容相近或相关的书籍,也放在相近的地方,以便检取。不过我们找书的时候,未必知道该书的内容如何? 而且分类的人,各人目光不同,所以甲是乙非,很难确定;那末找书就困难了。

(二)编目法是把一本书的要点提出,依一定的次序逐项列明,使检书的人,可以由各方面去找他所需要的图书。完善的编目法,应当可以回答以下各问题:

(甲)馆内有某人所著的书吗? (乙)馆内有某人所著的各种书吗? (丙)馆内有某某书名的书吗? (丁)馆内有某某种书吗? (戊)馆内对于某类的书,有哪种参考? (己)某书在什么地方? (庚)某书有几册? 有几页? 什么地方出版? 何时出版? (辛)某书有译本或注释本吗?

因为要回答以上各种问题,所以有种种不同的编制。

一、以形式而论,有:

甲、书本目录(Book Catalogue)　将书目钉成一本。这个方

法,有两种好处:

(一)简便 只要书名册数等一一列下,翻检也甚方便;而且可以多印数份,分送各处,以广流传。但新增的书籍,不能依次增入,常失却时间性。

(二)经济 一本簿册,可以编列许多书籍,不必用卡片和卡片箱等。但是若有书籍增添,就要重抄一份,对于时间上,反不经济。若是将目录付印,则印刷费也很大。

乙、卡片目录(Card Catalogue) 将每书用卡片登录,它有以下各种利益:

(一)可以合时,无论什么时候,有新书增入,即可以编入新卡片。

(二)便于抽插,无论新卡片的增入,旧卡片的取消抽出,可以随时增减,不致牵动全部次序。

(三)书籍偶有缺失,即可将卡片抽出,不必在目录上涂改。将来该书寻获了,仍可将卡片放回原位。

(四)卡片分置在许多小抽屉内,同时又可供多数人之参考,不必每书多抄数份。

丙、活叶目录(Sheet Catalogue) 把各类书籍,每一类用一页,登录同类的书,各类可以随时增减。不过各类以内的书籍,次序不能划一;某一页上添增了几本,就要将全页重抄一过,于时间上也不经济;而且各页很容易损坏,和书本目录有同一的弊病。所以现代的圖,多用卡片目录。

二、以编制而论,有:

甲、分类目录(Classified Catalogue) 照分类表依次将各类的书,一一列明。不过找书的时候,先要知道某书归入某类,所以有许多困难。

乙、字典式目录(Dictionary Catalogue) 这是现代圖最通行的方法。内容有人名,书名,类名等目录卡片,混合排列,使找书的人,好像找字典一样。我们现在所要研究的,就是这种目录。

丙、此外尚有著者目录(Author Catalogue),书名目录(Title Catalogue),或著者与书名混合的目录等等,是就字典式目录中,将一部份的卡片,单独排列为目录的。

三、以卡片格式而论,有:

甲、人名卡(Author card)以人名为标题的。

乙、书名卡(Title card)以书名为标题的。

丙、类名卡(Subject card)以类名为标题的。

以上三种,合称为目录卡(Catalog card)。

丁、异名卡(See card)以异名为标题的。

戊、同名卡(See also card)以参考事项为标题的。

以上二种合称为辅导卡(Reference Card)。

四、以卡片的标题而论,有:

甲、主要标题(Main entry) 凡卡片上各种登录的事项,其中第一项,即为该卡的标题。有最主要的,如:

(一)人名卡,以原著者为主要标题。

(二)书名卡,以正书名为主要标题。

(三)类名卡,以该书的类名为主要标题。

乙、副标题(Added entry) 凡各种登录事项,其第一项属于次要的,如:

(一)人名卡,以译者,注者等为副标题。

(二)书名卡,以简名,章名,或又名为副标题(又名是指一书有两个书名的,以一个为主要标题,一个为副标题)。

(三)类名卡以书内的一部或一章的类名为副标题。

五、以卡片的种类而论,有:

甲、总卡 一部书的整个书名,总编的人,和类名等卡,合称为一套总卡。

(一)主要卡(Main card)一本书以该书著者为主人翁,所以每套总卡之中,以人名卡上有主要标题(即原著者)的卡片为主要卡。

(二)其余译者,注者,书名,类名等卡,均为副卡(Added card)。

乙、分析卡(Analytic card) 一部书的各部分,例如一部丛书内的各本,或一本书内的一章一节,提出来另行编为目录卡的,叫做"分析卡",与"总卡"为对待的名词。

六、以卡片上的登录事项而论,有:

甲、人名项(Author entry)注明著者,译者,编者,注者,校者,增订者,绘图者等项。

乙、书名项(Title entry)注明书名,篇名,简名,丛书书名等项。

丙、类名项(Subject heading)注明总类名或分析类名等项。

丁、出版项(Imprint)注明何时,何处,何店出版等项。

戊、版本项(Edition)注明宋版,明版,钞本,刻本,某某丛书本,第几版等事项。

己、篇幅项(Collation)注明该书有若干卷,册,页,及有无附图表等项。

庚、附注项(Notes)注明该书属于某某丛书,或由某某改编,及其他一切说明等。

辛、细目项(Contents)注明该书内容,章节,目次等项。

壬、书码项(Call no.)注明该书书码。

七、以所用的卡片而论,有:

甲、普通目录卡 各种目录卡,都以白色厚卡片制成,高三时,长五时,这是全世界公认的标准尺寸。卡片上,有:

(一)著者线(Author indention)就是第一条红色的直线(图二十四)。

(二)书名线(Title indention)就是第二条红直线。

(三)标题线(Heading line)就是第一条红色的横线。

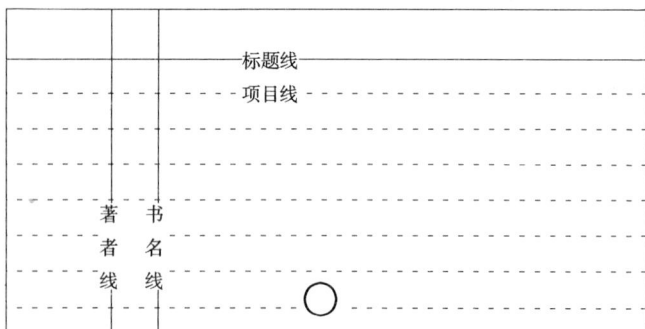

图二十四　目录卡式样

（四）项目线，就是蓝色的横线，用以登录各种项目之用。

（五）穿线孔，就是卡片下面正中的圆孔，用铜条在目录箱上穿贯着，以免散乱的。

乙、临时目录卡　格式和普通目录卡相同，不过要用别种颜色，以便检取。而且系临时性质，所以下面的圆孔，是开口的，可以自由在铜条上插入或抽出（图二十五）。凡是有改编的书，将原有目录卡抽出之后，恐怕找书人不知道，可以用这临时卡指明。

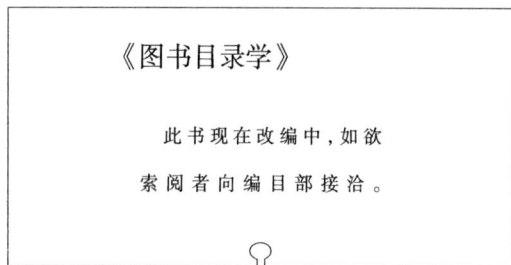

《图书目录学》

此书现在改编中，如欲
索阅者向编目部接洽。

图二十五　临时目录卡

丙、指引卡　卡片上有突出的一部份，比较其他目录卡约高三分之一吋。上面写着字句，以便指引检查者，去找他所欲检的卡

150

片。详细的用法,在第四课及三十三课内说明。

　　以上不过把图书编目法的内容,和各方面,叙述一过。各种名称,虽稍嫌繁琐,但是编目法的内容,极为复杂。本书所述的,不过最重要的一部份罢了。至于着手编目的方法,我们在以下各课,再详为讨论。

参　考

　　圕学上的专门术语,至今还没有标准和划一的用法;而以编目法尤为纷歧。例如人名卡,普通称为著者卡;异名卡,称为见卡或参考卡;主要标题,称为正目或正款目;类名称为种类,或件名,或标题,或主题;出版项,称为出版款目,或出版格;篇幅项,称为稽核项;指引卡,称为指导片等等。参考别的书的时候,要留心辨别。这里所用的名称,较普通圕学的书籍,和著者以前所著的书,都各有不同。所以将英文原名,分别注明,以免误会。但是有几个本来是没有英文原名的,不过为叙述便利起见,也替它加上一个名号。

问　题

一　分类与编目有何不同?

二　图书目录有何用处? 可以回答哪几个问题?

三　分类目录与字典式目录有何分别?

四　卡片目录有什么利弊?

五　卡片的格式有几种?

六　卡片标题有几种?

七　卡片登记事项有几种?

八　编目上所用的几种卡片?

实　习

　　试就馆内目录箱中,检出各种卡片,说明其编制,内容,格式等项,并将各卡格式抄出以资比较。

第二十七课　人名目录

　　各种图书,都有著作人的,所以图书编目法中,以人名卡为主要卡。每一种书必有一张人名卡。但是著作的人,各书不同:有一个人著作的;有二人或二人以上同著的;也有不列著者姓名,而以机关或团体名义为著作人的;也有编注的;也有翻译的;所以编目的方法,也各有不同。

　　一、普通书籍　个人著作的,编目方法如下(图二十六):

014	杜	定友
127		学校圕学.　13 版 .8 年,商务.
		173 页
		○

图二十六　人名目录卡

　　甲、在标题线上,由著者线起写著者姓名。

　　乙、在第一行项目线上,由书名线起,写书名。

　　丙、书名后用句号"·"(书名有歧异的,详见第二十八课)。

　　丁、书名后空一格,写版次,记明该书系第几版。但初版及翻印的,不必写明。

戊、版次之后,空一格,记出版事项。

(一)出版期 民国元年以后出版的书,只须写明年份。民国以前的,要写明朝代年号,并附注公历。

例如 清光绪34年(1908)

(二)出版地 著名地方如"上海""南京"等,写县市名称;不甚著名的地方,写明省份,如"福建建宁"等。地名之后加逗号","。

(三)出版处 著名的出处,只列简名,如"中华""商务"等,不必将地名及详细名称列出;不著名的,详细写明,如"南京中央图书公司",出版处之后用句号。

己、篇幅事项,由第三项书名线起。只有一册的,载明正文页数;二册以上的,载明册数。

庚、书码写在左角上,类码在线上;著者号码在线下(册数符号不必写)。

辛、凡重复本,及同著作人的翻刻本,教授书,参考书等,均在原著者卡注明(图二十七)。

二、古书和精印的书,最重版本,所以要将版本注明(图二十八)。

甲、版本项,写在出版项空一格之后。

乙、版本之后,用句号。

丙、第一行不能写完时,由第二行书名线起,并将篇幅项,移至第二行。

丁、版本以出版处著名的,不必另写,但在出版处名称之后,加"本"字,例如"金陵书局本","浙江书局本"。

戊、钞本,校本,均须分别注明,例如"明钞本""缪氏校本"。

己、书本分为若干卷若干册,或有残缺等情,得在篇幅项下注明。

图二十七　复本著者卡

175	董	文
591		新小学公民课本.12年,
		中华.8 册
	又	——教授书.8 册
	又	——复本—

823	韩	愈
105		韩昌黎文集.12年,中华,仿
		宋版精印,四部备要本.
		40卷,12册.
		○

图二十八　古书版本卡

三、二人合著的书,列明二人姓名(图二十九),并另制人名副卡一张,副卡制法如下:

甲、合著者姓名,写在标题线上,由书线起。

乙、姓名之后,用逗号。

丙、姓名之后,空一格,加"合著者"三字(图三十)。

丁、合著者之后,用句号。

四、三人以上的书,择其中最重要的人,以主编者为主要卡。再每人制副卡一张。若是不甚重要的,那只要一张主要卡,姓名后加"等"字。例如"舒新城等,《中华百科辞典》"。

甲、姓名之后,用逗号。

图二十九　合著者卡

015 182	张九如，周觉青，　合著. 可爱的小圈. 17年，中华， 50+89.

015 182		周觉青，　合著者. 可爱的小圈.

图三十　　　合著者副卡

乙、姓名之后，空一格，加"等"字，用句号。

五、用团体或机关名义编著的书，即以该团体或机关名称为著者，与普通著者同一办法。

甲、凡不能单独对外的附属机关，应冠所属机关的名称。例如"江苏省政府秘书处"，不能单用"省政府秘书处"或"秘书处"。

乙、凡可以单独对外的，例如"上海市教育局"，不必称为"上海特别市，市政府，教育局"。但是必不能单称"教育局"。

丙、会所团体名称，冠有地名的，应照登录。例如"上海国医学会"。若是该地名为可有可无的，或是找书的人，往往不注意那地名，而该团体名称仍可独立的，那末要制一张异名卡（图三十一）。

六、倘书中没有著书人姓名的，或著书人无从考查的，或系古书通俗书,如《四书》,《三字经》等,大家都知道,或不过问的,可将著者标题省去,以书名卡为主要卡(图三十二)。

图三十一　会所团体名称卡

		国医学会，上海
		见
	上海	国医学会.

028	四书　12年，　中华，　精印
984	监本. 6册
	○

图三十二　无著者姓名书卡

七、凡翻译,注释,音义,或校刊的书,应以原著者为主要标题;并制副卡一张,注明译,注,校等字(图三十三)。

甲、主要卡

(一)原著者标题项下,注明某某原著。

(二)书名之后用分号";",空一格,加"译,注,或校者姓名"。

(三)译者姓名后,用逗号,空一格,加"译"字。

(四)其余照普通书,注明各项。

(五)如能将原著者(如系外人)原文姓名,及原文书名注明,更佳。

图三十三　原著者书卡

575	达	尔文，　原著.
791		
		物种始原；　马君武，　译.
		8 年,中华
		4 册
		原著者 Darwin, Charles.
		原书名 Origin of Speeise.

575		马君武，　译.
591		
	达	尔文，　原著.
		物种始原.

图三十四　译者书卡

乙、副卡

(一)译者姓名,在标题线由书名线起。

(二)姓名之后,用逗号,空一格加"译"字。

(三)译者之后,原著者及书名照主要卡地位登录。

(四)副卡不必记出版事项。

八、著者姓名有用别号的,有用国谥的,有用嫁名的,有用假名的,均以用原姓名为原则。但无论如何,不能同时用两个不同的姓名。所以编目的时候,应指定其一,另制异名卡表明之。异名卡制法如下:

甲、用原姓名的,应将其他名称,各制异名卡一张。例如:

六一居士见欧阳修　饮冰室主人见梁启超

乙、用别名著名的作品,得用别名,但须将原名作为异名标题,而别名之后,应注明"别名"二字,加用括弧。例如:

(副卡)周树人见鲁迅　　　　(主要卡)鲁迅(别名)

参　考

近人著作,也有许多用别名的,举例如下:

淦女士＝冯叔兰	茅盾＝沈雁冰
冯沅君＝冯叔兰	蒲牢＝沈雁冰
冰心女士＝谢婉莹	方璧＝沈雁冰
璇若＝沈从文	玄殊＝沈雁冰
休芸芸＝沈从文	画室＝冯雪峰
甲辰＝沈从文	易坎人＝郭沫若
桂山＝叶绍钧	麦克昂＝郭沫若
圣陶＝叶绍钧	岂明＝周作人
张若英＝钱杏邨	鲁迅＝周树人
张子三＝许杰	崔若沁＝沈端先
弹华阁主＝许指岩	鲁彦＝王衡
陈雪帆＝陈望道	废名＝冯文炳
舒夷＝楼建南	石厚生＝成仿吾
魏克特＝蒋光慈	适夷＝楼建南
华维素＝蒋光慈	赵冷＝王任叔
华希理＝蒋光慈	麦耶夫＝林疑今
光赤＝蒋光慈	包柚斧＝李涵秋
敦庆＝王一榴	文汲＝邱韵铎
饮冰室主人＝梁启超	樱岛＝邱韵铎
叔翰＝王诗薇	半农＝刘复
秋郎＝梁秋实	天虚我生＝陈蝶仙
何大白＝郑伯希	雨品巫＝叶灵凤
绿漪＝苏雪林	佐木华＝叶灵凤
宏徒＝谢六逸	西滢＝陈源

雪峰＝李小峰　　　　　西谛＝郑振铎

碧珊＝王仁叔　　　　　不肖生＝向恺然

晋思＝罗黑芷　　　　　小玲＝沈樱

叶沉＝沈一沉　　　　　我佛山人＝吴伯元

　　　　　　　　　　　叶小凤＝叶楚伧

问　　题

一　普通书的人名目录卡上,应有什么登录?

二　版本应注在什么地方?

三　二人合著的书,副卡怎样写法?

四　团体社会出版的书应怎样编目?

五　没有著者姓名的书,怎样编目?

六　翻译注解的书,怎样编目?

七　为什么鲁迅著的书,用"鲁迅"而不用"周树人"?

八　试举十个古今作家的别名?

实　　习

　　择著者不同的书:每人十种,照以上方法编目,实习完毕,将该书保留至下次实习书名类名编目的时候,一齐核对。

第二十八课　　书名目录

每一本书，必有一个书名。我们找书的时候，大半是靠书名去找的。所以圕目录中，也有书名卡一项，以书名为主要标题。但是书名也有种种不同的地方，所以编目法，也有很多方式：

一、普通图书，每书制书名卡一张，卡上的记载，较人名卡为简单。

甲、书名写在标题线上，由书名线起（见图五）。

乙、书名之后，用句号。

丙、书名之后，空一格，写版次（初版和翻印不必写）。

丁、版次之后，空一格，写版期。民国以前者但用公历，加括弧。

戊、第二行书名线起，写册数（一册的书不必写）。

己、书码照写在左角上。

二、古书书名，有在封面的，有在目次之前的，也有在正文开始之前的，有在版口的，也有在卷末的。应择最适当的书名为标题。

甲、一书数名，而各有出入的，以正文开始之前的书名为主要标题。

乙、其余的书名，若是通用的，每名应制副卡一张。

三、一本书有两个书名并行的，以第一个书名为正卡，第二个为副卡。若是第二个书名，不甚通行的，就将副卡制成异名卡（图三十五，三十六）。

图三十五　书名正卡

267		一个小学十年努力纪.
998		中央大学实验小学校，编
- - - - -		
- - - - -		
- - - - -		
- - - - -		

		十年来的东大附小
		见
- - - - -		一个小学十年努力纪.
- - - - -		
- - - - -		
- - - - -		○

图三十六　书名副卡

四、书名之前，冠以"钦定，增广，重订，审定，最新"等字的，应照样登录，但可加用括弧，因为排卡的时候，要将这种字除外的。但遇教科书之前冠以"新制，新学制"等等，则仍旧不用括弧，因为这种书，是拿它们来分辨的。例如：

（钦定）《四库全书总目提要》

《新中华初级中学外国史》

（审定）《新中华三民主义课本》

《新小学常识课本》

五、书名之前，冠以人名的，仍旧照录。例如：

《舒新城教育丛稿》　　　《王璞的国语会话》

六、书名之后，附有叙述语的，在主要卡上，加用括弧。例如：

161

《新中华初级中学本国史》（语体）　　《国音方字》（附《教授书》）

但如该附注并不附于书名之后，而见于序跋或其他地方的，或由编目人所加的，则写在版本项之下。

七、凡新版，参考书，教授书，不必另制新卡；但照主要卡办法，注明在该卡下端。若著书人不同的，则另作新书看待。

八、翻译，注解的书，应注明原著者和译者，注者。

甲、照普通书办法，书名写在标题线上。

乙、原著者写在第一行，由著者线起，姓名之后加"，原著；"。

丙、译者，注者，在原著者后一格，姓名之后加"译."。

丁、除译注外，倘有某某补序，某某校正，某某选录等，如属重要者，均应分别注明。

参　　考

刘国钧《中文图书编目条例草案》，主张以书名卡为主要卡，意谓中国人对于书籍以书名为重。但按照世界各国圕编目通则，均以人名卡为主要卡，我国也不必独异。而且书名时时纷歧变换，不能确定某一本书一定要用什么书名；而著者的名字虽有出入，但终究是他，因为一本书是由著书人负责的。

问　　题

一　普通书名卡怎样写法？

二　一本书的书名，有不同的，应以何处所题的为准？

三　一本书有两个书名并行的，应如何编法？

四　为什么"钦定，审定"等字样排卡时要除外？

五　设有人在目录上找"钦定"某某等书，应怎样应付？（此点本课未提及，学生试自设法）

六　书名之下有附注的，怎样写法？

七　翻译的书，书名卡怎样写法？

实　习

将上次所编人名目录的书,编为书名卡。

第二十九课　类名表

在图书分类的时候,我们已经知道各书所属的门类了。但是把图书分门别类的排列起来,编成目录,未必便于检查。同时因为分类的制度非常繁琐;而且出此入彼,又不免带有主观的弊病,往往令人难于捉摸;尤其是小学圕方面,小学生是不明白分类法的。譬如他要找一本故事书或是小说,他哪里知道故事是属于文学类的中国文学部? 更哪里知道是属于中国文学部的儿童文学门呢? 因此,就得有类名目录来补救这个缺憾。

类名目录,是拿类名做标题的。譬如一本故事书,"故事"就是该书的类名。所以找故事书的人,他可以不必问故事分在哪一类,哪一门,他只要去找"故"字便得。所以这种目录,在编目上看来是很繁难的;但是在应用上,却是不可少的。这种"类名"和分类表上的"类目",却是不同的。因为类目有许多不是找书人所需要的。例如一本儿童心理学的书,在分类表上,是入"人类心理学"类;但是"人类心理学"这名称,在心理学上,并不通用,不过为分类上便利起见才用它的。又如分类表上,有"杂类"有"其他"这种名称,是不能成立的。所以圕学上另有"类名表"的规定(见附表三)。类名表是根据检书人的需要,将书籍的内容,跟着分类的名称编成的。我们编目的时候,每本书除有人名书名之外,再根据类名表,编为类名卡。类名表的内容,如下:

一、类名表的内容,大约可分为三大类:

甲、各种事物的名称和科学的名目　凡属中小学圕所需用范围以内的,均逐一照《汉字形位法》列明表内。

乙、各国的国名地名　例如有一本书,专述中国的地理历史文学各方面的,就以"中国"为类名。这种国名地名,均未列入表内。编者可以随时加入。

丙、人名　如《孙中山传略》一书,那"孙中山"就是一个"类名"。使讨论孙中山的书,同见于这类名之下。这种以人名为类名的,表内也未列明。

二、类名表的用法,也有三种:

甲、直接类名　如"三民主义,文学,哲学,教育学,"等是直接照表采用的。例如一本《人口论》就用"人口问题"为类名。

乙、间接类名　如一本谢无量的《中国六大文豪》,不能直接用"文学家"为类名。而以"中国文学——传记"为类名,使"中国文学,中国历史,中国民俗"等可以排在一起。

丙、相关类名　如"家庭教育""交通工程"。这种类名是可分可合的。我们要斟酌该书的内容,选定类名。例如葛绥成的《中国之交通》,不入"工程"而入"交通"。

三、类名之中,有名异实同,大同小异的,因此有三种互见法:

甲、见法　就是异名标题。例如"党化教育见三民主义教育"。这是说:在目录内,"党化教育"是不用的,只用"三民主义教育"。

乙、参见法　就是一个类名之外,还有几个相同的类,可供我们参考的。

例如"三民主义参见民族主义,民权主义,民生主义",就是说:我们看了"三民主义"一类的书,若是还想多看一点其他相关的书;或者因为"三民主义"一类的书,对于"民生"一章讨论不很详尽,还要看"民生主义"的专书的;我们恐怕阅者不知道目录之内,还有"民生主义"这一类的书,所以特定这种参见的办法。

丙、互见法　有许多类名,是有互相关系的。我们希望阅者两方面都去看看。例如"小说参见故事""故事参见小说",这就是说:圈中两方面的书都有,可以任选一种,或两种都看。

四、表内的类名,有三种要我们随时增加的:

甲、人名　凡有传记的书,应以被传人为类名。若是姓名有别号,假名,官衔或谥法等,应用异名卡指明,以免误会。

乙、国名　凡关于一国的书,有三种办法;

(一)凡关于一国的语言,地理,历史,文学,古物,民俗等类,各冠以国名。例如:

中国地理　中国历史　中国文学　中国古物　中国民俗

但每种应制异名卡二张,以便检查。例如:

地理—中国见中国地理　中国—地理见中国地理

(二)凡关于一国的法律,财政,政治,外交,军事等类,在国名之下,用一短画。例如:

中国—财政　中国—外交　中国—军事

每类仍仿前例,制异名卡,例如:外交—中国见中国—外交

(三)凡关于一国的各地方或各机关,均在国名之下,用二短画。例如:

中国— —江苏　中国— —上海　中国— —外交部

凡不甚著名的地名,或附属机关,应先用省名或所属机关,下面再用一短画。

例如:

中国— —江苏—南翔　中国— —外交部—驻沪办事处

丙、文体　各类类名之下,若是同类的书籍很多,或某书有特别性质,应与其他同类的书略为分列的,每类可以有二种类名细目:

(一)以文体分　在类名之下,用一短画,分为下列各类:

1 概论 2 原理 3 图表 4 统计 5 书目 6 会社 7 报告 8 期刊 9 丛

书 10 选钞 11 历史 12 传记 13 参考书 14 论文演讲 15 杂

例如:哲学—概论　文学—传记　教育—报告

(二)以国体分　在类名之下,除上条(乙)(一)(二)规定之外,均可用二短画,以国体分。例如:

哲学— —中国　农业— —英国　工业— —中国

每类应制异名卡一张　例如,中国—哲学见哲学— —中国

以上各条,是关于类名的指定和扩充。但第四条的乙丙二项,在小圕内,是不必用的。我们择定了类名之后,就可以着手编类名目录了。

参　考

类名表内的直接类名,还有许多要随时增加的;对于类名表的编制,类名的决定,参见互见的方法,也还有许多原则,是我们要根据的。可惜国内对于这一类的专书,还没有出版。就是类名表的编辑印行的,也是以本书所附的为第一次。所以添加的时候,还要十分审慎。类名,英文原名 Subject Heading,类名表则为 List of Subject Headings。这种类名表,外国已有印行多种,足供参考。但是中西名称迥异,对于各类名的用法,亦各有不同,所以非自行另编不可。不过编类名表,是一件很困难的事。本书所附的,事属草创,将来还有修改的必要。

问　题

一　为什么要有类名目录?

二　试述类名目录与分类法的比较?

三　类名有哪三大类?

四　类名的用法有哪三种?

五　什么叫做三种互见法?

六　传记的书,用什么类名?

七　国名之下可以怎样细分?

八　类名之下可以怎样细分?

实 习

由教员命题,在类名表上每人找出十个类名,注明所见页数,及该类名应归入哪一种用法,或哪一种见法?

第三十课　类名目录

类名表的内容和种类,已明白之后,我们可以着手编类名目录了。手续如下:

一、选择类名　决定了一本书的内容是什么之后,就在类名表上,选择一个最适当的类名。选择的时候,应注意以下各点:

甲、所选的类名要确能表示该书的内容。例如舒新城《习作集》的内容是照片,所以应该用"照片"而不用"摄影术"或"美术"。因为它的内容,并不是讨论照相或艺术的方法。

乙、所选的类名,要直接能代表该书的内容。例如戴文节的《古泉丛话》,应用"钱币",而不用"中国古物"或"古物",更不应用"财政学"或"经济学"。因为古物的范围很广,在分类表上,也许因为书籍不多,可以将"钱币"并入"古物"一类。但是类名目录上就不同了。

丙、所选的类名,须要始终一贯,使同一类的书,有同一样的类名,以便检查。

二、类名决定之后,在类名表内,找出该类名或其他较适当的类名,并加记注如下:

甲、选定类名之时,应在该名之前,作一ㄴ记,以便他日有同样的书的时候,得用相同的类名,以免分歧。同时可以知道类名表上,有哪几类是馆内已有的书籍。

乙、同时在书名页的反面,将类名写上,以便制类名卡。

丙、本书涉及二类或二类以上的,应择要用二个或二个以上的类名。例如葛绥成的《运动与卫生》一书,就该有"体育"和"卫生"二个类名,使找书的人,无论找哪一类,都可以找到这本书。

三、选择类名的时候,同时要注意各种异名和同名。

甲、异名类 表中有许多类名,我们只用其一,不用其二的。例如我们要找"人生哲学"这个类名,但是表内这个类名,是不用的。在表上我们就可以看见有一条"人生哲学见人生观"。应行的手续如下:

(一)在"人生哲学见人生观"之前,作ㄴ记。

(二)用另纸将该条缮下,以便制异名卡。

(三)在"人生观"条之前,作ㄴ记,并将该类名抄在书名页后,以便制类名卡。

(四)在"人生观"之后,我们还有一项,如"人生观(人生哲学见)"。这是使编目的人,制"人生观"的类名卡时,知道我们是不用"人生哲学"的;因此可以制一张异名卡,以免找"人生哲学"的人,找不着书。我们在这一项之前,也应作ㄴ记。那末知道"人生哲学见人生观"一张异名卡,已经制过了,下次可以不必再制。

乙、同名类 表中有许多类名,性质是大致相同的。例如我们手上有一本"人生问题"的书,其中有一部份是讨论"个人修养"的。这"人生问题"和"修养",我们也须要设法表明,以便检查。但是"人生问题"的书,往往涉及"修养"的。若是每书要做二张卡,当然不胜其繁,所以在类名之后,如有相关的类名,则一并注明。例如"人生问题"之下,表中也有一项,如"人生问题参见修养"。

(一)在"人生问题"类名之下,"修养"之前,作一ㄴ记。

(二)用另纸将"人生问题参见修养"一条抄下,以便制同名卡。

(三)再翻至"修养"条下,该条内也有"人生问题参见"一项。

（四）在"人生问题参见"之前，作一レ记，以表明该参照卡已经制过，下次不必再制。

以上手续，稍觉麻烦，但是在编目法中是不可少的。不然类名纷歧，往往使人不可捉摸，有碍读者研究，这是不可不慎的。

四、选择类名的时候，也许类名包括太广，而馆内关于这一类的书籍很多，有详分之必要。那末用类名扩充的方法，依文体或国体分。

甲、以文体分：

（一）在类名之后，作一记，表示该类是照文体详分的。

（二）在一之后，注明类名细目的次第。

乙、以国体分：

（一）在类名之后，作一 一记。

（二）在一 一后注明次第。

五、类名卡制法

甲、类名写在标题线，由书名线起。

（一）类名之下，用一红线，以免与书名，人名混乱（图六）。

（二）类名太长，标题线不敷用时，得在第一行继续下去，但是要缩进一格（图三十七）。

（三）凡传记书，以人名为类名，其下仍须用红线，以免与该姓名自著的书相混。

乙、人名项写在书名下一行，由著者线起。

丙、书名写在人名的下一行，由书名线起。

丁、书码写在左角上。

戊、其余出版篇幅等项从略。

六、异名卡制法（图七）

甲、异名写在标题线上，由书名线起。

乙、异名如系类名，其下仍用红线。

		劳动问题— —中国
		——江苏—南翔
		○

图三十七　类名卡

丙、见字为在下一行,退缩一格。

丁、正类名写在见字下一行,由著者线起。

七、同名卡制法

甲、格式与异名卡同(图八)

		工程
		参见
	机	械工程，矿务工程， 交
	通	工程，电力工程， 工业，
		土木工程.
		○

图三十八　同名卡

乙、一个类名可以参见数项的,依次写上(图三十八)。

参　考

編目法中,以类名目录为最繁琐。编目的人,对于一书的内容,要十分明了;而且要找适当的类名,以免名不副实,令人失望。若是一本书涉及几类的,就要制类名卡几张,务必一一在目录上表现出来,而且有异名,同名种种,使找书的人,可以从各方面去找。所以编目的人,非但要有圆的专门学识,对于编目手续能按着规定的步骤,一一做去。其中一点一画,都有定则,不能苟且的,而且要有充分的普通常识,对于各种科学,均有门径。平日尤应注意阅书人的需求,迎合他们的心理,绝对不能有什么主观和成见。所以这种工作,是非常困难的,务要细心研究。

问　　题

一　选择类名,应注意哪几点?

二　选定类名之后,为什么要在类名表上作ㄴ记?

三　选定的类名,应写在书上的什么地方?

四　一本书有几类的,怎么办?

五　类名目录与分类法,有什么不同?

六　对于异名类名,应怎样作ㄴ记?

七　一或一一应记在什么地方?有什么用意?

八　类名卡怎样制法?

实　　习

每人取书十种,各制类名卡若干。如有异名同名或应扩充的类名,均应照制,亦分别在类名表上作各种记号,以便核对。

第三十一课　分析目录

　　分析目录,是编丛书用的。因为一部丛书,包含着许多著作,若不一一分析编列,则检书人就无从着手。若是单行本的书,内容复杂的,也可以用分析方法编目。现在先论丛书,再及单行本。

　　丛书分析目录法

　　一、丛书可以分为下列二种:

　　甲、个人自著丛书　是全部书由一个人所编著的;内容性质不同,而且每种有独立的书名。例如,《船山全书》内有书七十余种。至于版本装钉,也有全部一样的,也有各种不同的。

　　乙、合著丛书　是二人以上所编著的;内容分二种:

　　(一)内容单纯的　各书宗旨和目的是一样的内容,都在一个指定的范围以内,例如《教育丛书》。

　　(二)内容复杂的　各书性质不同,但是由一个比较广泛的范围,或由一种组织出版的,或是一种特别的版本,校本等。这又分二种:(1)版本相同的,——例如《党义小丛书》。(2)版本不同的,——例如《新文艺丛书》。

　　二、编目的时候,应该知道某一种丛书,是属于哪一类,是否有编为分析目录的必要。

　　甲、旧版丛书,往往有版本校刊上种种关系,应编为丛书目录。

　　乙、新出的丛书,如有特别意义的,应编为丛书目录。例如《儿童课余服务丛书》,各书性质虽属不同,但宗旨和目的是一样的。而且在教学研究上,如检书的时候,能够知道这一部丛书的内容如何,也是很有关系。

丙、新出的丛书,并无特别意义的,例如《新文化丛书》等,对于检书人,没有十分重要,所以各书可以作单行本看待,不必编丛书目录。

三、丛书目录,有总卡和分析卡二种。

甲、总卡　以一部丛书,作一本书编制。

图三十九　丛书人名卡

	张九如,　周翥青,　合编.	
	儿童课余服务丛书.	
	细目见书名卡	

		儿童课余服务丛书.	
		张九如,　周翥青,　合编.	
		细目	
	718—182	1.	小演说家
	225—182	2.	巡察团日记
	015—182	3.	可爱的小圈
	070—182	3.	新闻编辑法
	662—182	5.	能干的小商人
			（续下）

图四十　丛书书名卡

（一）人名卡　注明著者或编者,及丛书书名。如该丛书各部分散的,则不写明各书书名,但注"细目见书名卡"一条(图三十九)。

（二）书名卡　注明丛书名称,并依次注明细目(即各书之书名及著者,如著者与编者相同时,可以省去)及各书书码。书码写在各书之前(图四十)。

（三）类名卡　格式与人名卡相同,但在标题线上,注明类名。

人名卡和类名卡,若是不甚重要者,均可省去。

乙、分析卡　丛书内的每一种书,都要分别编目。

图四十一　丛书人名分析卡

015	张九如,　周蠹青,　合编.
182	可爱的小圈.　　17年,中华.
	50—89 页
	（儿童课余服务丛书,第3种）

872	记一个大学生
4	沈从文
	（在他的《旅店及其他》,第41—50页）

图四十二　丛书分析卡注明页数

（一）人名卡　同属一部丛书,而内容著者各不相同的,每著者应编人名卡一张,并加"丛书附注"注明"某某丛书第几种",或"某某丛书之一"(图四十一)。

(二)书名卡　与普通书相同。

(三)类名卡　与普通书相同。

单行本分析目录法

一、单行本书籍内容,各章各篇的篇名、或著者、和种类不同的时候,每篇,每人,每类也应制分析卡。

二、分析卡上注明所见页数(图四十二)。

三、若是一部丛书,各书码相同的,那末分析卡上的书码,应注明册数。

参　考

编丛书分析目录,手续极为繁重,往往一部丛书,制卡至数十百张。目的无非要使各书的内容,充分地在目录内表现出来,以便检查。因为圕的目录,非但我们要找什么书的时候,可以找到,而且要能补助研究,使找某一问题的材料的时候,非但可以找到整部的书;而且丛书的一部,或一部书的一篇,都可以找到相当的材料。但是我们也不必每部丛书,或每本书的一篇一章,都要编分析目录。这样详细编目,是为时间上所不许的。所以要根据该书的价值,内容的组织,和读者的需要而定。因为分析目录的编制,非常困难。所以一般人以为在小规模的圕,应力求简单。每书有一张书名卡,分类卡便足矣。但是照近来各专家的意见,以为圕的规模愈小,编目愈应详细。因为小圕的藏书不多,若不用详细的编目法,使各书内容,完全表现出来;那末找寻材料,益感不足。所以编目的人,要斟酌各地方情形而定。例如一本《公司法》里面有一章叫做"无限公司"。在大规模的圕内,也许有许多单行本是关于"无限公司"的,所以不必制分析卡;若在小圕内,不把它分析编目,何由知道馆内有什么材料,是关于"无限公司"的呢?

问　题

一　什么叫做丛书?

二　丛书有几种?

三　哪种丛书应编分析目录?

四　丛书总卡上的细目注明的是什么?

五　丛书的人名分析卡有什么特别的注明?

六　何谓单行本的分析目录?

实　习

每人试编丛书目录,及单行本分析目录,各一种。

第三十二课　分类目录

　　分类目录,在现代圕的编目法中,是最后的一步;但在从前的时候,却是第一步手续。其实从前的目录,也只有分类目录一种,就是将书籍分为若干类,然后把每类书籍,逐一列明,就算了事。这种目录,不能适用,前面已经说过。这里所谓分类目录,只及专门学上所称的"排架目录",是专供编目人检查之用的。至于正式的分类目录,因为现代的圕已多不采用,所以不详述了。排架目录编制的方法和用处,如下:

　　一、每书应制排架目录卡一张,卡片的正反面,都有登录。

　　甲、正面　卡片的正面,格式与主要卡(即著者卡)完全相同。但

　　(一)在出版处之后,加载该书的实价,以便考查。若是一本书遗失了,要借书人赔偿的时候,就可根据排架目录卡,检出价目。

　　(二)在书码之下,空五行,注明该书的登记号码,以便必要的时候,可在登记簿上,查明该书何时到馆,或何处购买,何人所寄赠等等。

　　乙、反面　载各项标题索引。例如一本书的目录卡,除主要的人名卡之外,有书名卡,有类名卡,有各种副卡,各种分析卡。各种卡上标题,均须载明在排架目录卡的反面(图四十三)。

```
        ○
类1.    初等教育
  2.    教授法
人副.   廖世承,  合编者。
人析.   郑宗海
书副.   十年来之东大附小
书析.   美国小学教育
类析.   教育——美国
        共 10 片
```

图四十三　排架目录卡

（一）写标题索引的时候,卡片圆孔向上。使该卡穿在目录箱的铜条上的时候便于取阅。

（二）著者标题,书名标题,因为正面已有记载,所以不必再行注明。

（三）其余各种类名,副卡,分析卡的标题,均须注明:(1)类名有二个以上的,用"类 1 2 3"等注明。(2)人名有副卡或分析卡的,注明"人副,人析"等。(3)书名有副卡或分析卡的,注明"书副,书析"等。(4)类名有分析卡的,注明"类析"。

（四）最后,注明该书一共有几张卡片。

这里假定有一本书,除著者标题,和书名标题各一张外,还有二张类名卡:一张标题,为"初等教育",一张标题,为"教授法"。该书除主编人之外,还有"廖世承"合编的,所以也有一张人名副卡。书中附载一篇"美国小学教育",是"郑宗海"所著的,所以有三张卡片;一张是人名分析卡,一张是书名分析卡,一张是类名分析卡。又因为这书有两个书名,所以也有一张书名副卡,一共十张。

二、凡异名和同名标题与本书无连带关系的,可以不必载在标题索引内。因为这种名称,同时可以适用于其他各书。例如以上所假定的一本书,当有一张异名卡,如"教育—小学见初等教育"又有一张同名卡,如"教育参见初等教育"。但是这两标题,无论哪一本小学教育的书,都可以适用的,所以不必在这一本书的标题索引上注明。因为在类名表上,我们已经有相当的记载了。

三、排架目录的用处:

甲、可以代分类目录用。因为排架目录,是照书码排列的;同类的书,当然排在一起;各类相近的书,也排在相近的地方。所以要找各大类的书,在这里检查较为便利。

乙、每编一书,应先在排架目录上检查一过,因为各书的书码,是不能雷同的。若不预先查明,将来编好了,排在架上的时候,有了冲突,非改编不可。否则对于借书还书,必感混乱。若是没有排架目录,那末每次要去书架上检查。万一该书已经出借,又须对核借书证,手续非常麻烦。所以排架目录,就是书架的缩形。是馆内不可少的目录。

丙、每学期或每学年点查图书的时候,全靠排架目录为根据。因为登记簿,是照书籍收入先后排列的。字典式目录,是照各项标题排列的,所以无从对核。

四、标题索引的用处:

甲、核对书码的时候,同时可以看看反面的各项标题索引。若是有同类的书,该用同样的标题。或者类码虽是相同,而类名不甚适当的,也可比较一下,也许在此发现了以前所用的类名,有不适当的地方,就同时改编。

乙、万一已经编目的书遗失了,那末字典式目录的各项卡片,便该完全抽出取消。若是没有这标题索引,那末从何知道该书一共有多少卡片呢?

丙、若是字典目录的卡片,有一部份遗失或损污的时候,也可根据这索引照补。

参　　考

正式分类目录,除照排架目录办法外,应用各种异名卡同名卡,以便互相参照。若是一本书涉及二类或二类以上的,应有几个假类码,几张卡片。但这种假类码很容易与原有的类码混乱。因为根据这种假类码,是找不到书的。这种目录,编来与字典目录一样麻烦。但收效甚少,所以现代圕多不采用。

问　　题

一　排架目录正反面有何登录?

二　什么叫做标题索引?

三　哪种标题是不必记入的?

四　为什么异名同名标题不用索引?

五　排架目录有什么用处?

六　标题索引有什么用处?

实　　习

将以前所编各项目录卡片,编制排架目录卡及标题索引,并将各卡照书排列。

第三十三课　排字法

圕的目录卡片,每部书至少有人名书名类名各一张;此外还有书卡一张,是借书用的;分类卡一张,是排架用的。所以每本书平均有五张卡片;除人名,书名,类名卡外,还有副卡,分析卡,异名卡,同名卡种种。这些卡片,除分类卡照书码排列,书卡插在各书书袋之外;其余各种卡片,都要有一定的方法将它排列起来,以便检查。排列的方法,以字典式为最便利。

所谓"字典式目录",是照各种卡片上的标题,按字排列的。在英文方面,只要照英文字母的顺序排列,没有什么困难。不过中文方面,向来是有部首和数笔画的方法。但是这种方法,检查起来,非常困难,所以现在有许多新的方法发明。这排字问题,也是近来国内学术界,急待研究的问题。著者另有专书讨论,这里不能详述了(参看杜定友《汉字排字法》第18—21页)。现在且把排卡的手续,说明如下:

一、书籍编目完竣之后,先将各种卡片逐一校对无误,然后将书卡插在书袋内,另把分类卡也抽出,放在一处,照书码排列。

二、其余各种目录卡,辅导卡,都照《汉字形位排检法》排列。(《汉字形位法》,在第四第五课,已经约略说过,详细的办法,应看原书。因为这种问题,太复杂了,不能在这里作详细的讨论。)

三、排卡的时候,应备一个排字盘,用厚纸或木板制成。该盘分为二十或二十五格,每格约可放目录卡片一百张。每格上标明字形和起笔(图四十四)。

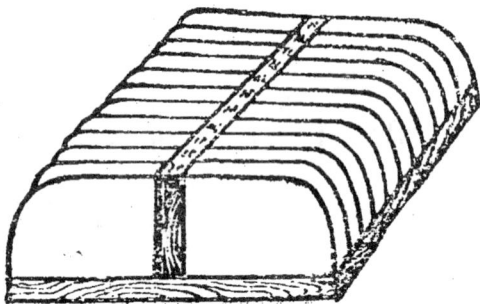

图四十四　排字盘

四、排卡的时候,照各卡上标题的第一字排入。纵形字一点起的,放入排字盘的第一格。纵形字一横起的,放入第二或第三格,各卡依次放入。

五、各卡照第一步手续排完之后,再将同形的字,照第一笔或第二笔依次排比。

六、笔法以点,横,直,撇为大纲。各笔的变化,依下列次序。

(1)丶(2)乀(3)一(㇖)(4)✓(5)㇇(6)丨(刂)(7)乀(乙)(8)㇉(㇈㇋)(9)丨(10)丨(11)丿(12)㇄(13)㇠(14)丨(15)乀(16)㇄(㇄)(17)✓(㇒)(18)丿(19)く(20)㇈

例如"聿,刃,飞,又"各字,都是整字,一横起笔的。

它们的次序如下:

(1)聿从㇖(2)刃从刁(3)飞从乀(4)又从㇇

二十格的字形和起笔,见姓氏号码表(本书附表二),二十五格的,见《汉字形位排检法》第17页。

七、同第一字者,依第二字比较,至不同为止。同著者的,依书名排比;同书名的,依著者排比;同类名的,依著者排比;务使各卡均有一定的次序。

184

八、类名之下,有一短画者在前,二画者在后。

举例　譬如现在有下列三部书,各种卡片次序,排列如后:

一、洪有丰　《圕组织与管理》

二、杜定友　《图书分类法》

三、金敏甫　《中国现代圕概况》

1. 洪有丰　圕组织与管理(一、人名)

2. 杜定友　图书分类法(二、人名)

3. 金敏甫　中国现代圕概况(三、人名)

4. 分类法　见图书分类法(二、异名)

5. 圕——历史

　　　金敏甫　中国现代圕概况(三、类名)

6. 圕组织与管理　洪有丰(一、书名)

7. 圕学

　　　洪有丰　圕组织与管理(一、类名)

8. 圕学参见图书分类法(同名)

9. 圕史见圕——历史(异名)

10. 图书分类法　杜定友(二、书名)

11. 图书分类法

　　　杜定友　图书分类法(二、类名)

12. 中国现代圕概况　金敏甫(三、书名)

以上三部书,一共有十二张卡片。第一二张,是"洪杜"二字"同属纵形"。但部首"洪"从"、","杜"从"一";所以"洪"先"杜"后。第二三张"杜金"二字,"杜"属纵形,"金"属覆形;故"杜"先"金"后。第三四张,同属覆形,同属"人"部。但"金"字部尾从"一","分"字部尾从"丁";故"金"先"分"后。第五至第十一张,都是方形,故在覆形之后。"圕图"二字,部尾"圕"从"丁","图"从"丨";故"圕"先"图"后。第五第六卡,以"圕"为单独名词,"圕组织与管理"又一名词。两词相较,短者在前,长者在后。这里所

185

谓长短,并不是字数多少的比较。例如第七卡只有两字,但第一字与第六卡相同,而第二字为"组"与"学"之比。"组"属纵形,"学"属横形;故"组"前"学"后。同属类名,则同名卡在后。第八卡与第九卡为"学"字与"史"字之比。而"史"字是整字,故居后。第十第十一两卡,同一名词;而一为书名,一为类名,则书名在前。第十二卡"中"字是整字,故在最后。所以每卡都有固定的次序,不容混乱的。

参　　考

杜定友:《汉字形位排检法》第一——一三页又第一一二——一一九页,及杜定友:《汉字排字法》一八页——二一页。

问　　题

一　圈的书,每部书有几张目录卡?
二　目录卡照什么方法排列?
三　排字盘分哪几格,有何用处?
四　汉字笔法有哪二十种变化?
五　目录卡为什么要逐字比较?
六　试比较《汉字形位排检法》和《汉字排字法》的优劣。

实　　习

每人试照汉字形位法,排列卡片二三百张。

186

第三十四课　图书典藏法

学校圕的藏书,以公开为原则。这就是说:阅者可以自由到书架上去翻阅;各自选择适当的书之后,自行携到桌上阅读,或向借书处告借。这种制度,亦名曰开架式。因为图书目录,无论如何详细,必不及将原书翻阅的来得确切。而且公开藏书,可以引起阅者兴趣而养成读书习惯。若是每阅一书,要经过许多手续,要费许多时间,对于阅者的兴趣和便利便损失不少,大非设立圕的本意。不过公开之后,遗失书籍是不能免的;但是我们却不能"因噎废食"。补救的方法,在培养阅者的道德,和周密的管理。携书出门的时候,得由馆员审查,那末遗失的书,自然可以减少。要知培养阅者的道德,要用感情的陶冶,适当自由的环境,并对于圕设立的原则,圕排列的方法,借书的手续,有切实的训练,使渐渐养成习惯,做成良好风气。规则愈是繁琐,借阅愈不自由。圕不得阅者的同情,则弊端愈出愈多。要消极的防范,不如用积极的方法,去养成良好的习惯。而这种习惯,是要从小养成的。现在许多大学圕,公共圕,时时遗失书籍,都是阅者从小没有良好的习惯所致。我们若是不取公开态度,只有助长他们窃书的技能,和欺骗的手段,这是不可不注意的。不过馆内有许多贵重书,绝版书,和阅者不必自由翻阅的书,却可以一部份采用闭架式,用另室庋藏,或书架上加门锁,以便保存。这是可以随时斟酌办理的。

圕书籍的收藏,应有种种手续,分述如下:

一、核对 书籍编目之后,应有书卡一张,插在书袋内,以便出借时登记之用。所以书籍收藏的时候,先要看书卡有无遗漏;同时对核书卡上登录的书码,人名,书名,是否与书名页及书标相符。如有错误,应即改正。因为圖内的书码,一有差误,就检查不到了。

二、排架 书籍在架,都以书码为唯一的标准。排架的时候,从左至右,从上至下,各架各自独立,以免搬动时,要牵动全部。每架要预留空位,以便新书插入。排书时,宜多用书撑(图四十五),以免倾倒,而至损坏。每架要用书架标目插(图四十六),标明该架号码,以便检寻。

图四十五　书撑

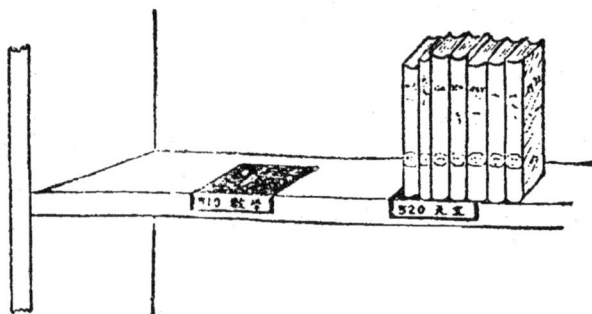

图四十六　书架标目插

188

三、读架　每早宜读架一次,即从第一架起,将各书书码,依次检读一次,以防有插错的书;同时看见破坏的书,就检出修补。

四、修补　普通书,略有破坏,如折角,脱页,或撕破,及书标脱落等情,应立刻修补。馆内宜购备白色厚纸,以备改装封面;桑皮纸,以备黏贴脱页;玻璃纸,以便补贴破页,因为玻璃纸透明,可以双面贴在页上,不至遮盖文字。至于破漏不堪,无从修补的,就送书局装钉。

五、装钉　贵重大部的书,应送书局装钉。装钉之前,应检齐页数,用另纸开明该书如何装钉,用何质料颜色,及封面烫印什么字句。至于普通图书,价值甚廉的,应即取消,另购新书,因为装钉费常较书价贵呢。

六、注销　破坏及不适用的书,应即随时注销。注销的时候,应在登记簿内,注明撤销日期及其原因,并在书面加盖注销图章,以资识别;并将各种目录卡抽出,分别注销。

七、点查　每学期或每年,应将全部藏书点查一次。点查的手续如下:

甲、根据排架目录,逐一在书架上点查,凡有卡无书的,将该卡抽出。

乙、将抽出的卡片,与借书卡片对核。如查明确系借出的,将卡片插回。

丙、凡遗失的书籍,将卡片另放一处,以便随时查访,并公布周知。

丁、如三个月后,仍未查获,那便将目录卡片抽去,并在登记簿上注销。

八、杂件　凡各种单篇论文,小册,杂件,及公文信件,照片,图画等件,均应分类保存,收藏在文件箱内(图四十七)。

九、保护　藏书的地方,要流通空气,温度适中,温度宜在六七十度之间。中文旧书,每年可晒一二次。各书要时常翻动。潮湿的地方,书架脚上,应洒石灰少许。如有虫蛀,可用樟脑粉,装在信封内,放在书下,而最重要的保护方法,尤在训练阅者能爱惜图书。

一〇 统计 要知道圕藏书究有多少,可将登记簿登记总数,减去注销数目即得。如欲分类统计,可从排架目录上计算;最好每次编目,将新书卡片插入排架目录的时候,随时登记。

问　题

一 试论藏书公开的利弊。

二 试述个人对于在书架上自由取阅书籍的感想。

三 书籍排架前,应核对些什么?

四 何谓书撑和书架标目?

五 何谓读架?

六 试述对于注销图书的意见和手续?

七 点查书籍有何种手续?

八 怎么保护图书?

图四十七　文件保管箱

实　习

学期将近结束时,襄助圕点查全馆图书,每人并实行修补书籍一二册。

第三十五课　阅览指导法

圕馆长馆员，对于读者要和颜悦色，遇事取诚恳的态度。若读者有所问难，要循循善诱，不厌不倦地去解答。这是阅览指导法中的第一个条件。馆内一切布置，要有家庭的意味和欢迎阅者的空气，使阅者到馆，心身安适。室内秩序，不必过于严肃；但是要养成静雅的习惯。此外目录的编制，图书的陈列，一切要整齐有序。四壁有优美的图画，桌上有时花的点缀，使阅者处于完满的读书环境之中，不期然而发生深厚的情感，养成读书的习惯。这样指导的工作，就思过半矣！读书习惯的养成，全在幼年时代。虽然我们不必养成终日"手不释卷"的书呆子，但是要从小使之爱好图书，以图书为良师益友。遇事知道翻检书籍，作读书办事上的助益；以圕为第二家庭，终身不脱离其关系。若是从小没有养成这样习惯，一俟学校毕业，即与圕绝缘，不能自求深造，于学问前途，既无进步，于学术上，当然不能有所发明。故步自封，非独于个人有害，就是整个社会，也要受到无形的损失了。所以圕对于阅者读书习惯的养成，好学心的培植，实较重于其他各种教育；故圕事业实为社会上最重要的教育事业。担任圕事务的人，尤不可不战战兢兢，以指导阅者为责任。不然，只是分类编目，消极的任人阅读，不能加以积极的指导，又何贵乎有圕呢？

阅览指导的方法，除心理上和布置上的种种以外，尚有数种可以随时举办：

一、在馆内张贴优美的图画,标语和对联等,以引起读书兴趣。但要随时更换,以免被视为具文。古书上有许多关于读书的格言和故事,也很能动人的。在外国有许多这种标贴,由圕用品公司出售,可以采用(图四十八 A、B、C)。

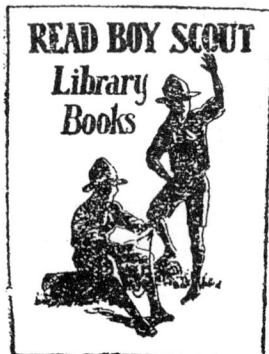

图四十八　图画标语举例A　　图四十八　图画标语举例B

二、凡有新书到馆,要随时编成目录,张贴馆内,使众周知;最好能每人送一份;或在课堂宿舍,随时张贴。新书目录,如能每书上加以简单的介绍更佳。

三、编印各种特种目录,或以科目分,或以程度分,每月要有一二次,如"童子军书目","园艺书目","鸦片之战书目";或"一年级应读书目","高级应读书目"等等。每种选择最精要的书一二十本,随时分发,随时提高读者的程度。

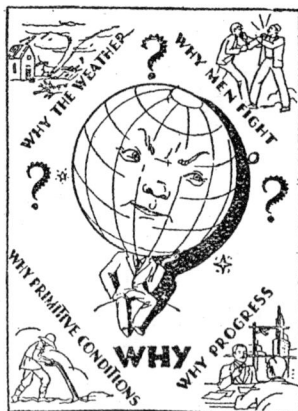

图四十八　图画标语举例C

四、普通流通的书,每本书内,夹以优美的书签。书签上印有画图或引起读书兴味的格言。一来、可以易于注目,因为馆内张贴的布告,阅者往往不很留意,若夹在书内,当可看见;二来、可以免折角记注的弊病(图四十九 A、B)。

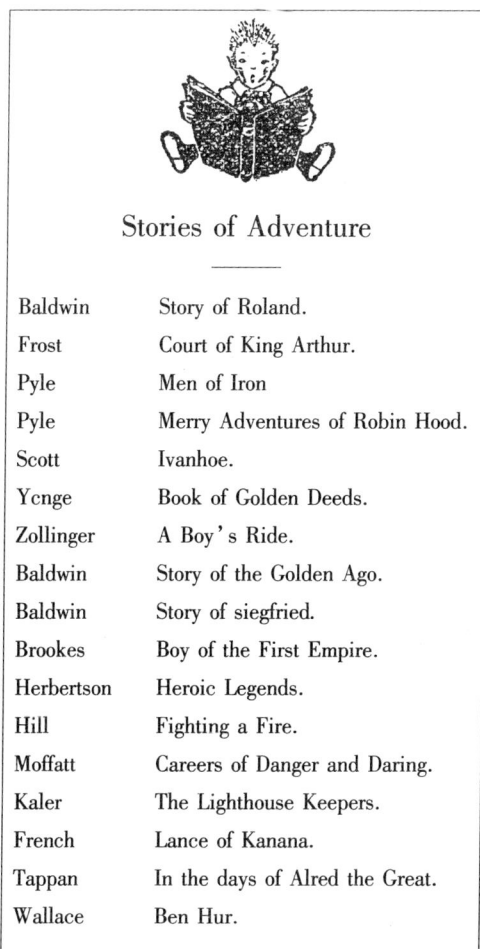

Stories of Adventure

Baldwin	Story of Roland.
Frost	Court of King Arthur.
Pyle	Men of Iron
Pyle	Merry Adventures of Robin Hood.
Scott	Ivanhoe.
Ycnge	Book of Golden Deeds.
Zollinger	A Boy's Ride.
Baldwin	Story of the Golden Ago.
Baldwin	Story of siegfried.
Brookes	Boy of the First Empire.
Herbertson	Heroic Legends.
Hill	Fighting a Fire.
Moffatt	Careers of Danger and Daring.
Kaler	The Lighthouse Keepers.
French	Lance of Kanana.
Tappan	In the days of Alred the Great.
Wallace	Ben Hur.

图四十九 书签 A

You are either going up, through TRAINING, to a position that means good money and more comforts as the years go by, or you are going DOWN, thru LACK of training, into the ranks of the poorly paid.

It rests entirely with you which way you go you can make or break your own future. And NOW is the time to decide. Not next year, not mext month, but NOW.

You can go up if you want to. You can GET the training that will command a trained man's salary. The Public Library has helped thousands of men to qualify for advancement.

Let the Books on your trade of business show YOU how YOU can prepare youself, in you own home for the position you want in the work you like best.

CHOOSE YOUR FUTURE TO – DAY!

Book – Mark No. 40.

图四十九　书签 B

五、编制梯形书目，将应读的书分为几级，每级一二种书，愈高愈深，另列一表。凡阅者阅毕第一级所定的书后，就把姓名写上，以引起他们追研的兴味和竞争的心理。

六、图画报和旧杂志上的图画，随时可以剪裁裱贴起来，在适当的地方张贴。譬如报上有"国际联盟开会"时的图画，就将该画贴起，并附以关于该会的书目或杂志论文。凡一切动物，植物，机器,时事,各种图画,都可以照这种办法,以引起注意。

七、举行图书展览会,每学期一二次;或展览有图画的书,或善本美装的书,或关于一科一门的书,或某种程度应读的书,使阅者随意浏览。

八、举行读书会。凡会员每月认定读书几本。开会的时候,首由馆长介绍新书,演讲读书法,研究法等等;次由会员报告读书心得,和讨论诗文;同时可以举行茶话会,父母会,请亲族参加,以联络感情;且引起父母对于其子女养成读书习惯的注意,及讨论指导的方法。

九、举行图书旅行团。先由圕购备关于各国的地理,历史,诗文,故事的书,由阅者领取旅行票,票上注明各国各地方名称。以后凡读完一本书,须作一简短的读书报告。由馆长评定成绩,在票上注明日期地点,表示已经到过这一国了。同时在馆内悬挂大地图一幅,载明地点。每人到一个地方,就在旁边注明姓名。在一定的时间内,周游全球,时间最短,成绩最优的,给以相当的奖品。这样,小学生加入旅行的,一定非常踊跃。

一○、表演各种教育影片和关于图书的幻灯片,照片,图画等;或编制圕剧本,使学生演习;举行恳亲会,辩论会,演讲会等等,由圕供给材料,担任导演;务使圕为全校活动的中心,而处处引起其读书兴味,养成读书习惯。

一一、每星期定一二小时,专为幼稚生及低年级的学生演讲故事,或在室内,或在室外。演讲的时候,要指导故事的来源。说到关键的地方,最好停止演讲,使学生去阅原书。

一二、教授圕使用法。凡本书第一课至第十四课的材料,都可以择要教授,使阅者对于圕的办法,充分明了,以便自助助人。圕书籍的遗失,往往是因为阅者不懂得图书排列的方法,以至在架上乱翻乱插;因为不懂得借书手续或因手续麻烦,所以贪图便利,私自携出馆外。

参　　考

张九如《可爱的小图》第七篇

问　　题

一　试论养成读书习惯的重要及其方法。

二　什么叫做消极的任人阅读？

三　什么叫做特种书目？

四　什么叫做书签，有何用处？

五　什么叫做梯形书目？

六　读书会怎么办法？

七　图书旅行团怎么办法？

八　图使用法内容应有些什么？

实　　习

每人担任阅览指导法一种，例如制书签的，制标语的，举行演讲会的，都由教员分配指导，在图内试行之。

第三十六课　图书出纳法

借书还书,也是圕中重要工作之一。因为圕的目的,要把馆内的书籍,尽量流通,所以较大的圕,必有出纳部的设立;专管图书出纳的事宜。一方面,是办理借书还书手续;一方面,是帮助阅者检书寻书,和解答关于选书的问题。在小圕内,虽然没有专部的设立,但是日中的工作,也是关于出纳的事为最多,所以手续务求简单敏捷,记载务求详确。但是在未定出纳办法之前,有几个先决问题,要提出讨论的:

一、借出本数的限制　照普通的习惯,小学圕学生借书,以两本为限;教员则不限本数。这种限制,有几种好处:

甲、可以调剂书少人多的弊病;

乙、小学生不能多看书,同时有了两本,已经很够了;多借了,不容易保管,往往易于散失或损污;

丁、多少可以免除转借的弊病。

至于学生有特别的需要,譬如撰述论文等,经教员的指定,得由圕主任特许,多借数本。但是这种事,在小学圕内是不常有的。

二、借出期间的限制　借书时期的长短,往往因篇幅和阅者的阅书能力而异;不过在圕内不能不有一律的办法。普通小学圕,以一星期为限;教员则不限时期。但是每学期终了,必须清还;于必要时,亦得随时收回。至于一星期的限制,也有几点好处:

甲、小学圕的书,篇幅有限,一星期内尽可阅毕,即使不能阅毕

的,还可以续借一次;

乙、一星期的时间,较便计算,不至忘记交还;

丙、借书时间太长,往往使阅者借出后迁延不读,有失流通的原意。

三、借书种类的限制　圖的书,不是全部可以借出的,大约可分三种:

甲、普通的书,是可以借出的;

乙、参考书,贵重书,散本杂志,是绝对不能借出的;

丙、临时参考书,可以由圖主任特许借出,但是时间和本数,也有特别规定的限制;

丁、与学生程度不合,或学生不宜阅不应阅的书;但经特许也可借出;不过限制宜严。

四、借书人的限制　谁可以借书呢? 这不能不有所规定。以小学而论,当然以本校的教职员学生为限,校外的,却不便公开。因为小学圖有特殊的组织,而且所藏的书籍,也不合公开之用。我们办圖,应该明白自己的能力和所处的地位,不能因为公共圖提倡公开,我们也去效尤。至于各圖间的互借,以及经圖主任特许借出的,当然不在此限。

五、借书逾期的限制　借书逾期的限制,是养成小学生责任心的一种最好的方法。限制的方法,一种是罚款,一种是停止借书权。罚款的办法,对于小学生是不相宜的,所以只有停止借书权。因为他们欢喜读书的时候,若是不给他看书,他就感觉痛苦;而且于名誉上也不很好听。所以此法最易实行,最有效果。不过停止时期太长,往往因此减低他们读书的兴趣,所以不可不斟酌办理。大约每过期一天,则停止借书权一两天便可。

以上问题决定之后,就可以订定借书规则,准备借书的用具,和借书手续的规定等。现在先论借书的用具:

一、书卡　凡是可以借的书,每本书应有书卡一张,注明书码,著者,书名和登记号数。这张书卡,就是一本书的代表,也就是一张永久的借书券。照平常的方法,每次借书,借书人必要用一张纸,将书码和书名等填上,以便查考。但是小学生往往对于自己的名字,还不能写得清楚,何况书码书名等等呢? 即使会写的,也写不整齐,往往写错了,就要记载失实,发生错误;或且因而失去书籍。而且每次借书要写一次,手续既烦,又要多费时间,也太不经济。现在有了书卡,只要借书的时候,写上一个名字就够了。书卡是用三英寸宽五英寸长的标准卡片制成的(图五十)。

012—127		
杜定友		
图书管理法		
124S		
王小初	20 II 6	20 II 12
李志中	20 II 14	

图五十　借书卡

二、书袋　每一本借出的书,应有一个书袋,贴在封面底的里面,以便装置书卡之用。袋上注明该书书码,以便插卡时,可以对照,而免错误。书袋是用坚厚的包皮纸制成的,以能装置书卡为度(图五十一)。

三、期限卡　这是借书的时候,插在书袋内,是告诉借书人,这本书应该何时归还。每借出书一本,需用一张。所以用卡多少,以每天借书数多少而定。譬如每天约有一百本书借出的,那末六百张卡片就够了。因为书籍交还之后,该卡仍可再用,所以与借书卡的性质不同(图五十二)。

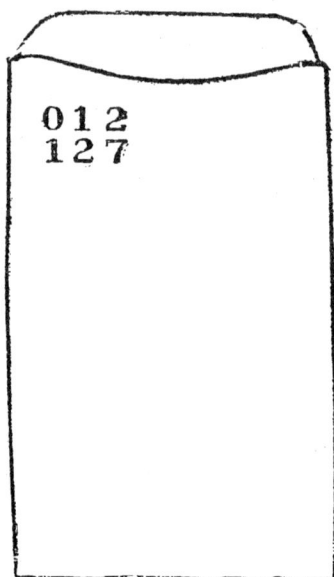

图五十一 书袋

本书请于下列日期内交还

20 II 3		
20 II 5		
20 II 16		

图五十二 期限卡

　　四、借书袋　若是每人可以同时借两本书的,就得每人应备借书袋两个。借书袋可以和借书志愿书合印,袋上注明借书人姓名,年级,住址,和借书人签名的地方。教员因为不限定书数,所以另用借书证一张,用法详后。学生借书,本来也要借书证的。但是小学生往往将证遗失,忘记带来,以至借书不便,反而发生许多困难;而且有了借书证,每天借书,要把书名,书码,借书日期等填写,手续麻烦,抄写费时,又易致误,所以现在用这种方法,较为便捷。借书袋也是用厚包皮纸制的,长四吋,阔三吋半,以便将书卡插入之后,书码、书名,可以露出在上面,便于排列。

五、借书证　教职员借书证,本来也可以免去的。但是教员借书过多,往往数目不清,发生困难,所以用一借书证,以便核对。借书证不必另印,就用平常的书卡,上面写明姓名,住址,下面第一项抄书码,第二项借期,第三项是还期。

六、日期印　日期印是橡皮制的,印的大小照书卡的小方格。若是不用印而用手写的,也很便当。写法以罗马字代表月份,以数目字代表年份,日期,格式如下:20Ⅵ5 即二十年六月五日,12Ⅻ12 即十二年十二月十二日,现举代表月份的罗马字如下:Ⅰ一月,Ⅱ二月,Ⅲ三月,Ⅳ四月,Ⅴ五月,Ⅵ六月,Ⅶ七月,Ⅷ八月,Ⅸ九月,Ⅹ十月,Ⅺ十一月,Ⅻ十二月。

借书的手续,是很简单的:

一、借书前

甲、书袋书卡,是编书的时候已预备好了的。

乙、学生初次借书的时候,须填写借书袋二个;填好之后,照姓名排列在借书卡箱内,或抽屉内。

丙、教员初次借书,也填借书证。

丁、预备好日期印,以到期为准,譬如今天是 20Ⅸ1,那末日期印应用 20Ⅸ7。

戊、预备期限卡数十张,以便应用。期限卡上,就盖着到期的日子。若是此卡已经用过的,就将以前的日期划去,以免混乱。

二、借书时

甲、将书袋内的书卡抽出,交借书人签名。

乙、根据借书人的姓名,找出借书袋或借书证。

丙、插一张期限卡在书袋内,该书即可交借书人带去。

丁、在书卡上,盖上日期印,插入借书袋内(教员借书,将书码抄存证上,盖上日期)。

三、借书后

甲、将借出之书卡,连同借书袋,放在一起。

乙、汇齐各卡,分类统计借出数目。

丙、各卡照日期排列,同日期照书码排列。

丁、教员借书证照姓名排列,书卡仍照书码排列。

戊、每日用一张颜色指引卡隔开,以便检查(日期指引卡与目录指引卡相同,不过是直的,上面注明日期)。

续借的手续,与初次借书完全相同,在书卡上加盖日期印,换一张期限卡,书卡另照新日期排列。

还书的时候,也很简便的:

一、学生还书:

甲、根据期限卡,找出借书袋和书卡,书卡上加盖还书日戳。

乙、将期限卡抽出,将书卡放回书袋内,插回书架。

丙、将借书袋插回原处。

二、教员还书:

甲、照书码找出书卡,加盖还期,抽出期限卡,将书卡插回书袋内。

乙、照姓名找出借书证,加盖还书日期。

催书的手续,更加简便,只将每日到期的书,开列清单,通知各借书人便可。

这种借书方法,再简便没有了。借书的时候,借书人只要签一个字,办事人只要盖上一个印,不用传抄,可免错误;不到半分钟,即可了事。还书的时候,更不必动笔,不过期限卡遗失了,就检寻书卡困难一点。但是事实上,很少遗失的。

问　　题

一　借书本数及期间,应如何限制?

二　为什么小学圈,不宜公开?

三　借书逾期,应如何处罚?

四　书卡书袋,有什么用处? 借书袋如何排列? 如何用法?

五　期限卡如何用法?

六　15 I 2,18 XII 31,19 II 5,20 XII 20,代表些什么?

七　借书后,书卡应如何排列?

八　期限卡遗失了,如何补救? 如何将书袋检出?

九　教员还书的手续怎样?

实　习

每人在借书处,在本学期内,至少轮值二天,要经过上列各项借书还书的手续。

第三十七课　图书流通法

图书出纳法,本是流通法之一;也是流通法中最重要的一部份,上一课已经讲过了。此外尚有保留、预约、互借、学级文库、分馆等等,现在分别讨论:

一、保留制　圕与教授上的联络,全以保留制为关键。新的教授方法,应该越出教科书范围之外,使学生多方参考,有所思考。例如本书的编辑,每课所述的,都不很详尽;有许多应该讨论的问题,只提出一二点,其余待学者自己思索。思索之不足,就要找参考。所以每研读一课,总要到圕去翻阅其他的参考书。因此,当教员的,在上课之前,当将该课所应用的参考书,和课内引用的书籍,关照圕保留起来,暂不出借;以便同学参考。待下课之后,就将该书等撤回书架,照旧可以借出。这样,圕与教授便有密切的联络,足见圕保留制在教学上的重要。保留书的手续,大略如下:

甲、保留书大约每一二星期,办理一次。教员在上课前一星期,就将下一星期所要教授的哪几课中参考用的书,自己到圕检查,或开一张书单,给圕照数检出。若是没有的,就找相当的书代替,或临时添购。关于每一科参考书,本该在开学之前,预备妥当,免至临时着急。所谓临时添购的,只是指最新出版的书籍。所以做教员的,要刻刻留心,把全副精神,用在教授上,方能收效。

乙、检出书籍之后,教员该逐一看过,将可供参考的章节页数记下来,以便告诉学生,免得他们无目的的翻阅,致浪费时间;同时该关照圕员,这一类应保留到何时为止;因为学生看过之后,仍是保留着不出借,就有碍于流通的。

丙、保留的书,就将书卡抽出,将书籍另放在一个书架上,分别陈列,在架上注明"某科参考书"等等,以便学生随时取阅。

丁、书卡抽出之后,在每卡借书人签名栏内,写明"某某科";在还书期栏内,注明保留至何时为止。所有保留书的卡片,都照到期排列,那末每日应该有哪些书要撤消保留的,一望而知。

二、预约制 圕的书籍,往往被人预先借去了,以致后来者有向隅之叹。要借时,又不知道该书何时归还?归还的时候,也许又被别人先借了去,发生种种不便。为补救这种困难起见,所以有预约制。

甲、要预约书的人,先填一张预约单(图五十三)。

乙、预约单照书码,和已经借出的书卡放在一起。

丙、该书交还的时候,一见预约单,即知该书已有人预约。

丁、书到时就将该预约单的副张(图五十四)送去通知。

图书预约单
书码:
著者:
书名:
上列一书到馆后请即通知为盼
预约日期　　　　预约人
……年……日……月
通讯处 ………………
N. Y. L. 36

图五十三　图书预约单

图书预约单
书码:
著者:
书名:
上列一书今已到馆请即于二日内前来借取为盼
…………………………君
………………………
………………………
图书馆启
N. Y. L. —36

图五十四　图书预约单副张

三、互借制　一个圕，无论经济、人才，怎样充足；都不能将所有图书，搜罗完全。遇着有本馆未备的书，而坊间购办不到的，只得向附近的公共圕，或其他学校圕告借。借书手续，由各馆互相规定，这里不详细讨论了。

若是图书不能互借的时候，就可以介绍学生，前往该处阅读。总之为了学业研究起见，我们该尽力设法的。

四、学级文库制　圕有时候因为地方狭小，一时无法扩充。或因借书人太多，馆员太少，办理不及。或因某一种书，是某班某级所日常需用的，或因各级距离太远，往来不便；或因某种只合某级应用，而他级不宜阅读的；就将某一类的书，送到该级课堂或试验室内；或将书籍轮流更换着，每月一次，每一次数十本，因人数及用法而异；或将正本存在馆内，副本分送各级：种种方法，以适应实用，而使馆内书籍尽量流通为主。凡借出的书，由级主任教员或级长负责，保留在级内阅览，或转借出外，办法可以临时订定。借书手续，照教员借书办法，每级用一张借书证，借期限一月或一学期清还一次。

五、分馆制　小学圕，是用不着什么分馆的。不过有时候为地方上、管理上的关系，可以把教员用书，分列一处，成立一个分馆。例如将历史书籍，用学级文库方法，设在历史教室内；其他各科，也是一样。不过各科用书，有很多相同的，非广贮副本不可。这不独于经济方面极不上算，而且职教员和学生，除了在圕之外，很少接触以及共同生活的地方。所以分馆制是不宜办的。

这里有一件很重要的而很平常的事，要提出讨论的，是"失书问题"。圕一方面要尽量流通；一方面要保存，使不致遗失与损污，是事实上不可能的。而且小学用书，往往装钉不甚坚牢，而用书的次数，比其他圕尤为繁忙。一本书用不了十次八次，就不免破碎。所以图书损坏，是圕内必然有的事。书籍原是备用的，天下哪有用不坏的东西？反过来说：圕的书愈是破坏，愈显得用广，这是一种好现象。我们只有积极的多筹一点经费,去添购新书,才是办法。不过若有故意不留心去破坏的,这当然要受相当的处罚或赔偿,这却并不是十分困难的问题。这里所要讨论的,是图书失掉了,应该怎样查究? 失书的原因,有几种:

一、因书籍被借出外而致散失的。这种失书,其实并没有什么损失,因为借书人当然要照价赔偿的。只要有负责的人,这本书当然失不掉。所以这也不成问题。

二、因书借不到,而私自携出馆外的。这种失书,其目的原是很好的。因为他们很想读书,但是因为规则上的限制,不能如愿,所以不得不出于私窃。这种行为,当然不应鼓励。但是我们既然知道他们的动机如此,我们就可设法补救。所以圕的借书手续,务求简便。限制不宜过严,对于各种不得已的限制,要使学生充分了解,与圕合作;而尤赖于学生对于圕有深切的感情,对于馆员有敬仰之心。他们天天到圕,要什么书可以借什么书。若有不能借的,馆员当对他和颜悦色的说明原因,使他们乐于从命。这种感情,这种态度,是要切实养成。若是对付不得法,板着面孔,挂着规章尊严的牌子;那末学生恶作剧的举动,恐怕益发不容易消弭!

三、因为要盗卖而偷书的。这完全是道德问题,只有最少数学生才愿干这类事的。我们要设法防卫,不能"因噎废食"。而且道德问题,要全校师生负责的,所以失了书,不是圕一方面责任。一个学生日夕受师友薰陶,而干这不道德的事,那末学校教育的效果,也就可叹了。小学生的道德,要在他们的教师当学生的时候养成的。所以现在当师范学生的,和将来要当教员的人,对于这圕失书问题,要切实负责。他们有了良好的习惯,就能养成全校良好的习惯。他日当教员的时候,也能使全校学生有良好的习惯,这才是根本的方法。至于治标的方法,也有几种:

甲、圕的书,要多盖图章。照普通的方法,只在封面上盖章,是不妥当的。

乙、向就近的旧书坊通告,不得收买圕的书。如遇学生来卖者,当设法报告;否则查出严办。

丙、教员常常到圕阅书,帮同视察,随时劝导。

丁、学圕学的学生,或高级学生及级长舍长等,有劝导同学,及遇有此种事发生的时候,负报告的责任。

戊、与学生家长联络,共同负责监督学生行为。

己、馆内常川有馆员视察。

庚、如有发觉偷窃行为者,严重处罚。

辛、……

问　　题

一　圕有几种流通方法?

二　圕与教授有怎样关系?

三　何谓保留制?

四　保留书的时间的限制如何办法?

五　何谓预约制?

六　何谓互借制?

七　学级文库怎样办法?

八　试述分馆制的利弊?

九　试述圕失书的原因?

一〇　试述救济失书的办法?

实　　习

试行办理保留制及预约制。

第三十八课　圕学概论

圕学、现在已成为专门科学之一,和医学,法学,教育学等,是一样的。外国各大学,也有圕专科的设立。可见圕学乃是一门高深的学问。圕学的范围很广,有终身研究不尽的价值。现在把圕学内容各科,分列如下,以见一斑:

一、专研究关于图籍之印刷出版等科目

(一)各国书目　(二)各科书目　(三)参考书目　(四)官印书目　(五)书业书目　(六)遗阙书目　(七)绝本书目　(八)善本书目　(九)版本学　(十)校雠学　(十一)书史学　(十二)书评学　(十三)提要学　(十四)著述学　(十五)著述史　(十六)书业学　(十七)印刷术　(十八)编辑术　(十九)装钉术　(二十)造纸化学　(二十一)笔记法　(二十二)索引法

二、专研究关于圕管理方法之科目

(一)选择法　(二)购订法　(三)登记法　(四)分类法　(五)编目法　(六)典藏法　(七)标目法　(八)图书保护法　(九)图书修补法　(十)出纳法　(十一)交换法　(十二)互借法　(十三)邮寄法　(十四)图书参考法　(十五)阅览指导法　(十六)学术研究法　(十七)圕建筑法　(十八)圕设备法　(十九)圕广告术　(二十)文件保管法　(二十一)图表保管法　(二十二)照片保管法　(二十三)幻灯影片保管法　(二十四)唱片保管法　(二十五)艺术品保管法　(二十六)学校圕管理法　(二十

七)大学圕管理法　（二十八)公共圕管理法　（二十九)流通圕管理法　（三十)儿童圕管理法　（三十一)专门圕管理法　（三十二)工厂圕管理法　（三十三)机关圕管理法　（三十四)军营圕管理法　（三十五)水上圕管理法　（三十六)病院圕管理法　（三十七)私立圕管理法　（三十八)通信圕管理法　（三十九)巡回文库管理法　（四十)乡村圕管理法　（四十一)博物院管理法　（四十二)艺术馆管理法

三、专研究关于圕行政之科目

（一)圕组织法　（二)圕法规　（三)圕推广事业　（四)圕运动　（五)圕协会组织法　（六)馆员管理法　（七)圕经济学（八)圕统计学　（九)社会调查法　（十)圕新闻学　（十一)出版法　（十二)言论法　（十三)邮政法　（十四)交通法　（十五)行政法

四、其他必修科

（一)文学概论　（二)各国文学史　（三)儿童文学论　（四)小说学　（五)演说学　（六)故事演讲法　（七)科学概论　（八)科学方法论　（九)哲学概论　（十)各国史地　（十一)教育学(十二)心理学　（十三)儿童学　（十四)社会学　（十五)政治学（十六)经济学　（十七)教授法　（十八)集会法

圕学的科目,既是这样繁夥,所以正式的圕学,要在大学研究四年,方能毕业。不过四年之中,不是完全是学圕科的。其中辅助的科学占了大半;实际上二年以内,专门研究,便很好了。不过圕学的范围,日益扩大,问题日多,有终身研究的价值,是不能以时间限制的。所以大学之外,还有研究院。研究圕学的入手方法,就是多读书。对于普通各门科学,都要涉猎一点,要有多方的兴趣。读圕学的,要有读书的习惯、读书的兴味和服务的诚意。所以圕界的人,学问贵博而不贵精。不过对于自身的学问,是要精益求精的。

圕学大概可以分为理论的和实用的两方面。两者比较,实用为贵。所以圕学是不能单靠几本教科书、参考书上面。我们大部份的时候,要费在实验室—圕内。不过因为各人的需要不同,所以研究的方法,也有几种:

一、普通的研究 一般师范学校和学校教员,他们不是专门预备办理圕的。但是对于圕学的大概,也要知道一点;然后可以利用图书,来自助助人。那末研究起来,只要大概说明各种办法,不必有多量的实习。科目也不必太多,只求摘要。还有许多中学大学,也添加短期的圕学。他们的宗旨,在使学生明了排书分类的大概,目录的用法等等,全在阅书人方面着想,这种科目更加简单了。

二、片面的实习 大规模的圕里面,分部很多,职员数百人,各有专责。他们对于圕一般的详细办法,和别部分的事务,是不必过问的。但是对于他们专门的事,却有研究的必要,例如分类、编目、修订等等。又如将卡片依英文字母排列,看来很是容易,但是也有四十几条规则要遵守的,而且天天还有许多问题,正待研究解决。因此一般圕馆员,实行分工制度,作片面的研究和实习。

三、分系的研究 圕学虽是专门科学,但专科之中,还有专科,这就是分系的研究。把圕学的某部份,特别提出,作有系统有计划的研究。据现在实际的情形,大概圕科,分为若干系。如儿童圕系,公共圕系,参考圕系,专门圕系等等。好像商科之中,再分银行系,簿记系一样。可见圕学的范围的广阔了!

除了一般圕学之外,还有一种同时进行而很有价值的科学,就是我们中国向来所有的"校雠学"。这种学问,是圕学者所必需的。其实我国这种科学,实先于圕学;不过一向没有什么人去作科学的研究。到了现在,一般外国圕学者,方着力于是。我们现在只要继续先贤的事业,比较他们便当得多。不过他们研究校雠版目之学,是拿世界的科学的眼光研究的;我们往往局于一部份或主观的方法,这是我们要注意的。

本书除正文外,还介绍单行本较有价值的圕学书多种,但未及将所有圕学的书籍完全举出。还有许多文字,是在各杂志上发表,而没有单行本的。因为恐怕各馆难于搜集,所以也没有列出。读者还当随时在各杂志中,搜集圕学的材料;最好能读些外国语的圕学书报。因为中国向来只有"目录学",而没有"圕学",所以要真正的研究圕学,非读原文不可。

参 考

杜定友《圕学指南》见《学生指南》第四一三—四二六页 （正文完）

附　录

一、图书分类表

Ⅰ 总　表

000	普通类
100	哲理科学类
200	教育科学类
300	社会科学类
400	艺术类
500	自然科学类
600	应用科学类
700	语言学类
800	文学类
900	历史地理类

Ⅱ 详　表

000　普通类

001	**党义图书**	005	中山历史及其他
002	中国国民党	006	普通革命问题
003	三民主义	007	中国革命问题
004	建国大纲及其他	008	世界革命问题

100　哲理科学

300 社会科学

400　艺术

590	**动物学**	596	有脊椎动物
591	生理的	597	鱼类水产
592	无脊椎动物	598	鸟类
594	虫类	599	兽类

600　应用科学

610	**医药学**	632	灾害
611	解剖组织	633	田产物
612	生理学	634	森林
613	个人卫生	635	园艺植物
614	公共卫生	636	畜牧
615	药物学	637	乳类
616	内科	638	蜂蚕
617	外科	639	渔业
618	妇孺产科	640	**化学工业**
619	兽医科	641	化学品
620	**工程**	642	爆炸品
621	机械工程	643	饮料
622	矿务工程	644	食品
623	海陆军工程	645	燃料
624	土木工程	646	陶瓷玻璃
625	道路铁路工程	647	粉类
626	电机工程	648	有机物类
627	河海水利工程	649	冶金术
628	市政卫生工程	650	**交通**
629	飞机汽车及其他	651	电报
630	**农业**	652	电话
631	田地	653	无线电

700　语言学

727	教科读本	例如汉英字典 = 723.3
728	方言俗语	英汉字典 = 733.2
729	杂类	此处 723 为中国字典.3

730—790　**以国体分**

　　　　照 720 详分

　　　　　例 735 = 英文文法

【注】两国文字合编之字典酌加国别
　　符号

为英国故 723.3 为汉英
字典反之 733 为英文字
典.2 为中国故 733.2 为
英汉字典.

800　文学

810	**普通各国文学**	.4	歌剧
812	诗学	.5	话剧
814	戏剧学	.6	科学工艺
817	小说学	.7	童画
818	儿童文学	.8	杂类
819	各国文学总集	.9	史地故事
820	**中国文学**	829	总集
821	别集		
822	诗集		
823	文集		
824	戏剧		
825	演讲集		
826	函牍		
827	小说		
828	儿童文学		
.1	故事		
.2	寓言		
.3	笑话谜语		

830—890　**以国体分**

　　　　照 820 详分

　　　　　例 837 = 英国小说

【注】1. 总集系搜集二人或二人以上
　　的文字凡诗文戏剧等合为一
　　部书的

　　2. 别集是个人自著的诗文合
　　刊本

　　3. 凡文集演讲集等内容属于某
　　一专门科的应归入该科

　　例　教育文存 = 204

900　历史地理

910	**万国通史**	924	宋
911	上古	925	元
912	中古	926	明
913	近代	927	清
914	欧洲	928	民国
915	亚洲	.1	军政时代
916	非洲	.2	训政时代
917	北美洲	.3	宪政时代
918	南美洲	930	**英国历史**
919	海洋洲	931	上古
920	**中国历史**	932	中古
921	上古	933	近代
922	汉	940—990	以国体分
923	唐		照931—933详分

Ⅲ 助记表

	（1）以文体分		（2）以国体分
1	原理哲理概论大纲等	1	各国
2	纲目图表统计提要等	2	中国
3	字典辞典类书指南等	3	英国
4	论文演讲批评函件等	4	法国
5	杂志期刊年报报纸等	5	德国
6	学会报告会社行政机关等	6	日本
7	学习研究课本习题用具等	7	俄国
8	丛书刊本选本钞本等	8	美国
9	历史状况杂类等	9	其他

Ⅳ 地理分类表

—0	地理	—10	各流域	—21	江浙
—1	古迹	—11	中央	—22	江苏
—2	政治	—12	东北	—23	浙江
—3	人文	—13	东三省	—24	安徽
—4	名胜	—14	辽宁	—25	江西
—5	山河	—15	吉林	—26	福建
—6	商业的	—16	黑龙江	—27	两湖
—7	农工的	—17	河北	—28	湖北
—8	游记	—18	山东	—29	湖南
—9	历史的	—19	河南	—30	西北
	以上各国适用	—20	山西	—31	陕西

—32	甘肃	—38	云南	—44	宁夏
—33	新疆	—39	贵州	—45	青海
—34	四川	—40	热河	—46	西藏
—35	两广	—41	绥远	—47	蒙古
—36	广东	—42	察哈尔	—48	内蒙
—37	广西	—43	西康	—49	外蒙

Ⅴ 小学图书分类表

1. 小圕分类法照上表一样但党义图书只取一位数目

例如　　　2　=　国民党

　　　　　3　=　三民主义

2. 其余各类只取两位数目各类下不另详分

例如　　　50　=　自然科学

　　　　　51　=　数学

　　　　　59　=　动物学

62　＝　工程学

3.但语言文学史地改编如下

70	**语言学**	80	**文学**	90	**历史地理**
71	中国字音	81	中国诗集	91	中国上古史
72	中国字源	82	中国文集	92	中国中古史
73	中国字典	83	中国童话寓言	93	中国近代史
74	中国辞典	84	中国话剧	94	中国杂史
75	中国文法	85	中国歌剧	95	中国地理
76	中国韵律	86	中国函牍	96	中国各省地志
77	中国读本	87	中国故事小说	97	外国史
78	中国方言	88	中国童话	98	外国地理
79	外国文	89	外国文学	99	中外游记汇刊

二、姓氏号码表

226

228

字形分配表

0	1	2	3
4	5	6	7
8	9	10	11
12	13	14	15
16	17	18	19

【註】上列字形分配表，凡縱形字一點起者爲0，一橫起者爲1。以各碼加於別名表上，卽代表各種名稱。例如900爲商店，"中"字係整字從一直起，其碼爲18。故918可以代表"中華書局"。

別名表

900—919	商店
920—939	機關
940—959	學校及會社
960—979	譯名
980—999	其他

三、类名表

*代見字　　**代參見二字

丬

　演説學

　演講集

　　*　講演集

　註音符號(國語**,國語字
　　　　母*,國音字母
　　　　*)

　遊記

　　*　遊記

　清黨

　　*　革命運動—中國

　清史

　　*　中國歷史—清

　法律(憲法**)

　　**　債權法,六法,立法

　法律學

　法醫學(醫學**)

　法令

　河海工程(治河*,水力工程
　　　　　　**)

　　**　水利工程

滙　*　匯

　温泉

測量

汽機工程

　　**　機械工程

汽車(自動車*)

海陸軍

　*　軍事學

海軍(軍事學**)

海運

　*　運輸

治河

　*　河海工程

治外法權

　　**　領事裁判權

治療學

　*　療治學

言　講演集(演講集*)

　　**　各科—演講,文集

詩評(詩話*,文學—評論**)

詩詞

詩話

　*　詩評

詩歌(歌曲*,唐詩*文學*

232

	＊）	社會主義
	＊＊　唱歌	＊＊　共産主義
	詩學	社會心理學（心理學＊＊）
	讀書法（自修＊）	社會事業
	語言學（言語學＊）	神話
	詞曲	初等教育（小學教育＊）
	課程（教材＊＊）	（教育＊＊）
	論理學（名學＊）	補習教育（教育＊＊）
	論文集	冶金術
	＊　文集	性教育
	診斷學	性慾
	訓政	性學
	＊＊　建設	糧食
亲	新詩	＊＊　飲料
	＊　詩歌—中國	糧食問題
	新村運動（社會運動＊＊）	＊＊　食料
	新聞學	燈謎（文虎＊）
	＊＊　報紙	
方	旅行	球類運動
礻	社會	＊　體育
	社會狀況	静坐法
	社會政策	理化
	社會教育（教育＊＊，通俗教	＊　物理學
	育＊）	＊　化學
	社會學（羣學＊）	珠算
	社會運動（羣衆運動＊）	博物學
	＊＊　新村運動	地球
	社會問題	地理（世界地理＊）

233

234

都市教育(教育＊＊)

郵政(交通＊＊)

子　孫總理

　　　＊　孫中山

　　孫逸仙

　　　＊　孫中山

　　孫文

　　　＊　孫中山

　　孫文主義(中山主義＊)

　　　＊＊　三民主義

　　孫中山(孫總理,孫逸仙,孫文
　　　＊)

　　　|||

十　北伐

　　　＊　革命運動—中國

　　戲劇(獨幕劇＊)

　　　＊＊　歌劇　電影

　　戲劇學

口　唱歌(詩歌＊＊)

　　路政

　　　＊＊　公路

　　戰爭

　　戰史

　　　＊　各國歷史

　　影戲

　　　＊　電影

　　顯微學

目　眼科(醫學＊＊)

　　縣政府(政府—縣＊)

　　縣自治

　　　＊　地方自治

　　財政

　　　＊＊　公債

　　財政學

　　　＊＊　地方財政,稅務,外
　　　　　　債,金融狀況

　　體操

　　體育(球類運動＊,運動＊)

刂　刑法

　　刑罪學

　　　＊　犯罪學

　　刑事訴訟

　　利息

　　刂

　　飲料(糧食＊＊)

　　領事裁判權(治外法權＊＊)

　　礦務工程(工程＊＊)

　　礦物學

　　礦業

　　礦產

　　鐵路(交通＊＊,火車＊)

　　鐵路工程(交通工程＊＊)

　　錢幣(幣制＊＊,泉幣＊)

　　銀行

　　辭典

235

237

238

照相

    ＊   照片

照相術

    ＊   攝影術

照片(圖畫＊＊)

無機化學(化學＊＊)

無政府主義

無線電

    ＊＊   電報,電話

無線電話

    ＊＊   電話

無產階級

宀 宗法社會

    ＊   家族制度

宗教(教會＊,上帝＊)

害蟲學

    ＊   昆蟲學

憲法

    ＊＊   法律

宇宙觀

    ＊＊   人生觀

宋明哲學

    ＊   哲學—中國

家族制度(宗法社會＊)

家政

家庭

家庭教育(教育＊＊)

家庭問題

字音學

    ＊＊   音韻學

字典

    ＊＊   各科—參考書

字學

    ＊   文字學

官制(行政＊＊)

寓言(兒童文學＊＊童話＊＊)

實驗化學(應用化學＊)

實業

    ＊＊   農業,工業,商業

亠 言入整字

高等教育(教育＊＊)

音韻學(字音學＊＊,文字學＊

    ＊)

音樂

    ＊＊   樂譜

童謠

    ＊   歌謠

童話(兒童文學＊＊)

    ＊＊   寓言

童畫(兒童文學＊＊)

帝國主義

市場

市政(都市＊)

    ＊＊   村政

市政府(政府＊＊)

市政工程

反教運動

　　　＊　　反宗教運動

反宗教運動（反教運動＊）

反帝國主義運動（反英運動＊）

反革命

　　＊＊　　革命運動

反英運動

　　＊　反帝國主義運動

原子論（物理學＊＊）

尸　居住問題

夕　名勝（地理—名勝＊）

名學

　　＊　論理學

⿸　遊記

　　＊＊　　各國地理

遊戲

運輸（海運＊）

運動

　　＊　體育

迷信（民俗＊＊）

道路

　　＊＊　公路

道德

道爾頓制

選舉

　　＊＊　女子參政

通俗教育

　　＊　社會教育

遺傳學

進化論

近代文學

　　＊　文學

⺛　建設（訓政＊＊）

建築

建築學

　　＊＊　土木工程

⿱

⿹　拳術

　　＊　國術

其　基督教

大　太平洋問題（國際問題＊＊）

太平天國

⿱　發明

人　禽獸

　　＊　動物學

食料（糧食問題＊＊）

合作

合作制度

合作主義

金融狀況（財政學＊＊）

金石

金屬學

會計學

分類法

243

244

＊　＊　　太平洋問題,東方　┐
問題

國外貿易(貿易＊)

國術(國技＊,拳術＊)

國家主義

國音字母

＊　注音符號

國學

國文

＊　中國文學

國民政府(行政＊＊)

國民革命

＊　革命運動

國民黨

＊　中國國民黨

國民會議

因果律

┐囧
囧學

│回回教

圖書編目法(編目法＊,目錄
學＊＊)

圖書分類法(分類法＊)

圖畫(繪畫＊美術＊＊,西洋畫＊)

＊＊　照片

圖畫集(畫集＊,畫片＊)亅

四書

⌒丶

立法(法律＊＊)

言語學

＊　語言學

亡國史

＊＊　國恥史

文法(作文法＊)

文鈔

＊　文集

文件

＊　公文程式

文化(歷史＊＊)

文字學(字學＊)

＊＊　音韵學,六書

文集(講演集＊＊,論文集＊,
散文＊,文鈔＊,文學＊
＊,古文＊)

文學(近代文學＊,詩歌＊＊)

＊＊　　各國文學,文集,兒
童文學

文學—評論

＊＊　詩評

文學家

＊　文學—傳記

文虎

＊　燈謎

方程式(數學＊＊)

衣服

＊　服裝

245

玄學
    ＊　哲學
ㄏ　戶口
    ＊　人口
ㄴ　心理測驗
　　心理學
　＊＊　社會心理學,本能,兒童心
理學
ㄙ　火險
    ＊　保險
　　火車
    ＊　鐵路
    ㊀

二　三民主義(孫文主義＊＊)
　＊＊　民族主義,民權主
義,民生主義
　　三民主義教育(黨化教育＊)
　　平民教育(教育＊＊)
　　天文學
    ＊＊　地文學,星學
十　古蹟
　　古物
    ＊＊　各國古物
　　古物學
    ＊＊　陶器
　　古文
    ＊文集
　　古生物學(考古學＊＊)

工程
　＊＊　機械工程,礦務工
程,交通工程,電力
工程,工業,土木
工程
　　工資
    ＊　勞動問題
　　工業(實業＊＊)
    ＊＊　紡織業,工程
　　工業化學
    ＊　化學工藝
　　工廠管理(科學管理＊＊,事
務管理法＊)
　　工會
    ＊＊　勞動問題
　　工人運動(勞動問題＊＊)
    ＊＊　商民運動
　　土地(地產＊)
    ＊＊　地價
　　土木工程(建築學＊＊,工程
＊＊)
　　馬克斯主義
    ＊＊　共產主義
　　五穀
    ＊　農產
　　五四運動
    ＊　學生運動
　　五卅運動

246

一宣言

　中山歷史

　　　＊　孫中山一傳記

　中山主義

　　　＊　孫文主義

　史學

　　　＊　歷史學

　內科（醫學＊＊）

　　　＊＊　肺癆病

丨　小說（短篇小說＊）

　　　＊＊　故事

　小說學

　小學教育

　　　＊　初等教育

　小兒科

　　　＊　兒科

　少年

　　　＊　青年

　水險

　　　＊　保險

　水利工程（河海工程＊＊）

　水產

　水力工程

　　　＊＊　河海工程

　　　Ⓙ

人　人類學

　　　＊＊　種族

　　人壽保險（保險＊＊）

人名辭典

人口（戶口＊）

人口問題

人生觀（宇宙觀＊＊, 人生問題
　　　＊＊, 人生哲學＊）

　　　＊＊　人生問題

人生哲學

　　　＊　人生觀

人生問題（人生觀＊＊）

　　　＊＊　修養

手工

手工業

人　生活問題

　　　＊＊　民生問題

　生理學

　　　＊＊　生殖器

　生殖器（醫學＊＊, 生理學＊
　　　＊）

　生物學

　　　＊＊　微生學

　生產（經濟學＊＊, 農業＊
　　　＊）

　生命

　年表

　　　＊　歷史一年表

厂　自動車

　　　＊　汽車

248

自修

   * 讀書法

自然科學(科學＊＊)

自由車(脚踏車＊)

兒科(小兒科＊,醫學＊＊)

兒童教育(教育＊＊)

兒童學

   * 兒童心理學

兒童文學(文學＊＊)

   ＊＊ 故事,寓言,童話,童畫

兒童文學(文學＊＊)

兒童心理(心理學＊＊,兒童學＊)

鳥類學(動物學＊＊)

女子職業(婦女職業＊)

女子教育(教育＊＊,婦女教育＊)

女子參政(政治＊＊,婦女運動＊＊,選舉＊＊)

幾何學(數學＊＊)

四、普通参考书目

普通类

23. 国学治要	（文明）	8 册	9.60
24. 三民主义注释及索引	（商务）		1.40
25. 三民主义问答	（商务）		.40
26. 古今格言	（商务）		.55
27. 世界格言大全	（世界）		1.00
28. 中华地理全志	（中华）		2.60
29. 中华应用文件大全	（中华）		1.00
30. 中山出世后六十年大事记	（太平洋）		2.30
31. 民国十五年中国教育指南	（商务）		1.80
32. 民国法规集刊	（民智）	9 册	7.00

游览指南类

33. 杭州西湖游览指南	（中华）	.40
34. 交通必携	（商务）	.15
35. 全国旅行指南	（中华）	2.40
36. 南京游览指南	（中华）	.30
37. 上海指南	（商务）	.60
38. 中国旅行指南	（商务）	.70

图表类

39. 新度量衡图表	（中华）	.40
40. 外国人名地名表	（商务）	1.60
41. 动物挂图	（中华）	10.00
42. 统计与测验名词表	（商务）	.10
43. 最新首都全图	（中华）	.50
44. 最新上海全埠地图	（中华）	.40
45. 算术挂图	（商务）	5.00
46. 历代疆域挂图	（商务）	6.00

<table>
<tr><td>47. 历代兴亡图</td><td>（商务）</td><td>.48</td></tr>
<tr><td>48. 各省明细地图</td><td>（商务）</td><td>9.60</td></tr>
<tr><td>49. 各省区沿革一览表</td><td>（商务）</td><td>.40</td></tr>
<tr><td>50. 各国学制系统图</td><td>（商务）</td><td>.90</td></tr>
<tr><td>51. 国语发音图</td><td>（商务）</td><td>1.00</td></tr>
<tr><td>52. 国民政府暨各院部会处组织
系统图</td><td>（中央统计处）</td><td></td></tr>
<tr><td>53. 五十世纪中国历年表</td><td>（商务）</td><td>3.00</td></tr>
<tr><td>54. 世界改造大地图</td><td>（中华）</td><td>1.00</td></tr>
<tr><td>55. 世界大事年表</td><td>（商务）</td><td>.80</td></tr>
<tr><td>56. 上海商业名录</td><td>（商务）</td><td>1.40</td></tr>
<tr><td>57. 中外度量衡比较表</td><td>（商务）</td><td>1.00</td></tr>
<tr><td>58. 中华民国大地图</td><td>（中华）</td><td>1.20</td></tr>
<tr><td>59. 中国物产地图</td><td>（工商访问局）</td><td>3.00</td></tr>
<tr><td>60. 中国国耻地图</td><td>（中华）</td><td>.10</td></tr>
<tr><td>61. 中央规定党国旗案</td><td>（民智）</td><td>.08</td></tr>
</table>

字典类

<table>
<tr><td>62. 注音国语字典</td><td>（中华）</td><td></td><td>.40</td></tr>
<tr><td>63. 汉译日本新辞典</td><td>（民智）</td><td></td><td>1.20</td></tr>
<tr><td>64. 新桥字典</td><td>（中华）</td><td></td><td>4.30</td></tr>
<tr><td>65. 说文解字真本</td><td>（中华）</td><td>6 册</td><td>3.20</td></tr>
<tr><td>66. 综合英汉大辞典</td><td>（商务）</td><td></td><td>12.00</td></tr>
<tr><td>67. 学生字典</td><td>（商务）</td><td></td><td>.60</td></tr>
<tr><td>68. 康熙字典</td><td>（中华）</td><td></td><td>4.10</td></tr>
<tr><td>69. 基本字汇</td><td>（民智）</td><td></td><td>.55</td></tr>
<tr><td>70. 分类字源</td><td>（翼文）</td><td></td><td>3.40</td></tr>
</table>

71. 国语学生字典	（中华）	1.20
72. 中华汉英字典	（中华）	8.00
73. 中华大字典	（中华）	4.00
74. 小学国语字典	（中华）	.30

普通辞典类

75. 注音新辞林	（中华）	2.40
76. 辞源	（商务）	5.00
77. 佩文韵府		
78. 作文类典	（中华）	2.40
79. 学生词典	（商务）	2.00
80. 国语普通词典	（商务）	1.00
81. 国文成语词典	（商务）	2.50
82. 中华百科辞典	（中华）	8.00

各科辞典类

83. 新文化辞典	（商务）	4.00
84. 新中国人物志	（良友）	4.00
85. 新文艺辞典	（光华）	2.50
86. 社会问题辞典	（民智）	4.00
87. 理化词典	（中华）	1.80
88. 博物词典	（中华）	3.00
89. 中外地名词典	（中华）	2.50
90. 中国教育辞典	（中华）	7.00
91. 中国人名大辞典	（商务）	8.00
92. 数学词典	（中华）	3.00

93. 哲学辞典　　　　　　　　　（商务）　　　　　　5.00
94. 社会问题辞典　　　　　　　（民智）　　　　　　4.00

类书类

95. 渊鉴类函
96. 事类统编
97. 常识宝库　　　　　　　　　（世界）　　　　　　1.20
98. 少年百科全书　　　　　　　（商务）　　20 册　30.00
99. 日用百科全书正编补编　　　（商务）　　3 册　10.00
100. 中国年鉴　　　　　　　　　（商务）　　　　　　4.00

上列各书仅供小学圕的选择，凡一切高深科学大套参考书均未录入。

五、教授用书

现在把本书各课内所提及的图书,列为教授用书表。教员于上课前,得按表赴圕,将应用书籍检出,以供参考。若是馆内所没有的,得用相当的图书代替。或临时购备。各课如有应用的新出版品,尤应随时购置,以求完备。

导言

1. 舒新城　道尔顿制概观
2. 杜定友　学校圕学

第一课

1. 钱亚新　索引和索引法
2. 张九如　可爱的小圕
3. 杜定友等　新师范心理学教科书
4. 杜定友　学校教育指导法
5. 张其昀　新学制本国地理教科书
6. 杜定友　著书术

第二课

1. 　　　中华民国地图
2. 　　　袖珍最新上海地图
3. 　　　最新本国地图
4. 　　　圆明园全图
5. 　　　西湖风景画集
6. 　　　中华古今画范
7. 　　　普吕动画集
8. 　　　动物挂图
9. 舒新城　习作集
10. 张九如　可爱的小圕
11. 杜定友　学校教育指导法
12. 罗　西　桃君的情人
13. 杜定友　校雠新义
14. 　　　古文辞类纂评注
15. 　　　知不足斋丛书
16. 　　　党义小丛书
17. 　　　史地丛书
18. 　　　少年中国学会丛书
19. 　　　学生丛书
20. 　　　青年丛书
21. 　　　浙江省建设厅丛书

258

259

2. 庄泽宣　　教育概论

3. 余家菊　　教育原理

4. 舒新城　　心理学初步

5. 舒新城　　心理学大意

6. 舒新城　　现代心理学之
　　　　　　　趋势

7. 王慕宁　　东三省之实况

8. 王光祈　　美国与满洲问题

9. 杜定友　　图书管理学

10. 杜定友　　心理学

11. 谢无量　　诸子学派

12. 陈柱尊　　墨子刊误

13. 杜定友　　著者号码编制法

第二十八课

1. 纪昀　　　四库全书总目
　　　　　　　提要

2. 金兆梓　　新中华初级中学
　　　　　　　外国史

3. 陆绍昌　　新中华三民主义
　　　　　　　课本

4. 陆衣言等　新小学常识
　　　　　　　课本

5. 舒新城　　教育丛稿

6. 王璞　　　国语会话

7. 郑昶　　　新中华初级中学
　　　　　　　本国史(语体)

8.　　　　　国音方字(附教

授书)

9. 刘国钧　　中文图书编目条
　　　　　　　例草案

第二十九课

1.　　　　　孙中山传略

2. 谢无量　　中国六大文豪

3.　　　　　人口论

4. 葛绥成　　中国之交通

第三十课

1. 舒新城　　习作集

2. 戴文节　　古泉丛话

3. 葛绥成　　运动与卫生

第三十一课

1.　　　　　船山全书

2.　　　　　党义小丛书

3.　　　　　新文艺丛书

4.　　　　　儿童课余服务
　　　　　　　丛书

5.　　　　　新文化丛书

6.　　　　　公司法

第三十三课

1. 杜定友　　汉字形位排检法

2. 杜定友　　汉字排字法

3. 洪有丰　　圕组织与管理

4.杜定友　　图书分类法

5.金敏甫　　中国现代圕概况

第三十八课

第三十五课

1.学生指南

1.张九如　　可爱的小圕

大套丛书,如不及购备,可用该书目录样本代替。

六、圕学目录

　　（上列书目以单行本足供本科所参考者为限）